フレッシュネスバーガー
手づくり創業記

栗原幹雄

アスペクト文庫

フレッシュネスバーガー
手づくり創業記　目次

1章　フレッシュネスバーガーができるまで

2章　素人だからできることだってある

3章　僕が大切に思っていること

栗原ノート

ワンズダイナー千駄ヶ谷店

構想メモ

★ ***Color***

内外装カラーは、白と黒、エボニー&アイボリー。

★ ***Brand Essence***

[ブランド・エッセンス]機能＝お腹を満たす、ひとやすみできる。差別化＝おいしい、カッコいい、お茶だけで入れる。一人ごはんできる。可愛いスタッフ、カッコいいスタッフ、ホームメイド、おしゃれ、Music、ものがたり。性格＝個性的(オリジナリティ)、わが道を行く。権威＝安全安心、輸入、Take away。

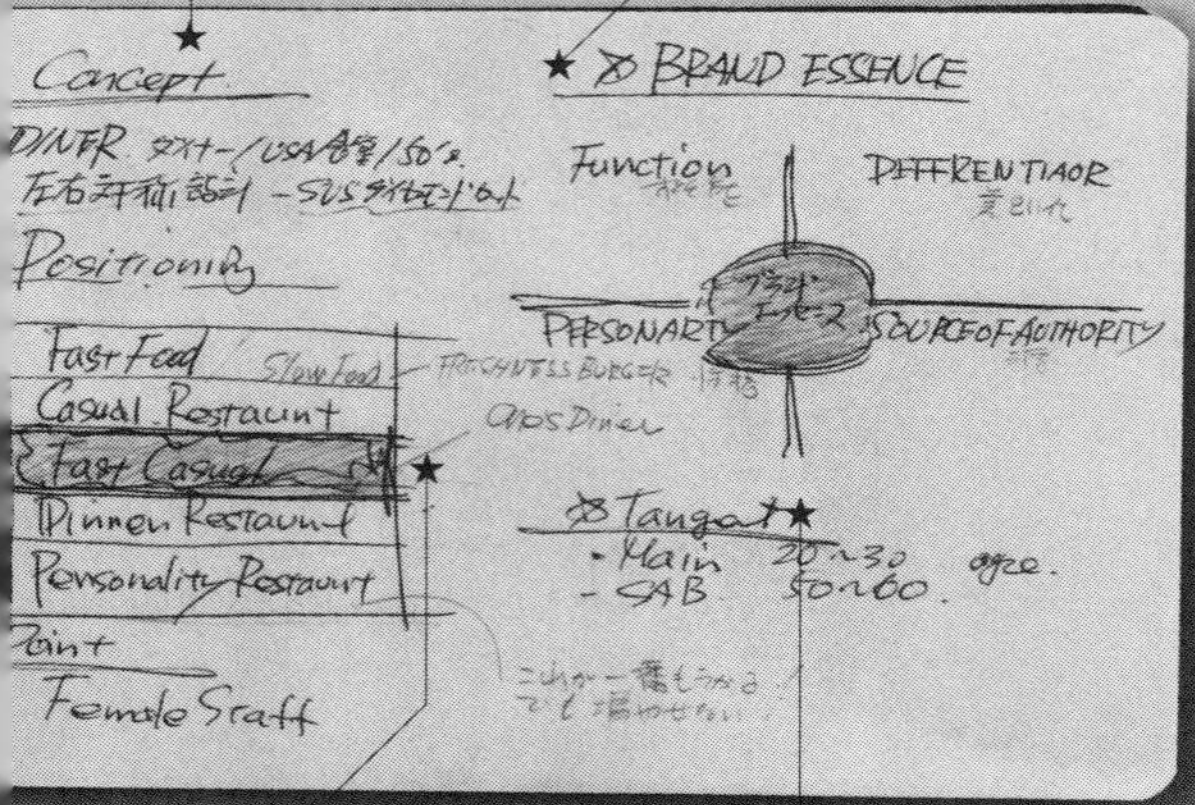

★ ***Stance***

位置付けは、カジュアルレストランとファミリーレストランの中間。素人で運営できないと店舗は増えない。

★ ***Target***

気になるのは、アメリカ人の好きなフィフティーズと、日本人の好きなフィフティーズの違い。アレンジとリメイクが必要。日本人向きに、ネオン管はやめるか、少なめにする。赤いシートのイスは落ち着かない。メインの客層は、20〜30代、サブの客層は、50代〜60代。

★ *One's Diner*

ワンズダイナー(One's Diner)は、「最高の食堂」の意。ここに落ち着くまでには、さまざまなネーミングを考えた。スパンキーズダイナー(軽すぎる)、レムリンズダイナー(友人の名前)、ミッキーズダイナー(商標トラブル必至)、エムズダイナー、エフズダイナー(意味不明)……。

★ *Diner*

DINER(ダイナー)とは、1872年、アメリカ北東部、ロードアイランド州が発祥の地とされている。アメリカ版の大衆食堂。馬車の屋台スタイルから客車スタイルへと発展。エリザベス・テーラー、ロック・ハドソン、ジェームス・ディーンが出演する1956年製作の『ジャイアンツ』にも出てくる。

★ *Table*

テーブルセッティングは、シュガーポット。ケチャプマスタードボトル。ストロー入れ。ナプキン立て。

★ *Uniform*

ユニフォームは、①コットンシャツ、パンツ、エプロン、キャップ。②サッカー生地、7号ワンピース、ポニーテール、ソックス、スニーカー、バッジ。

★ *Hood*

フードは、ダイヤモンドカット（日本に無い?）。

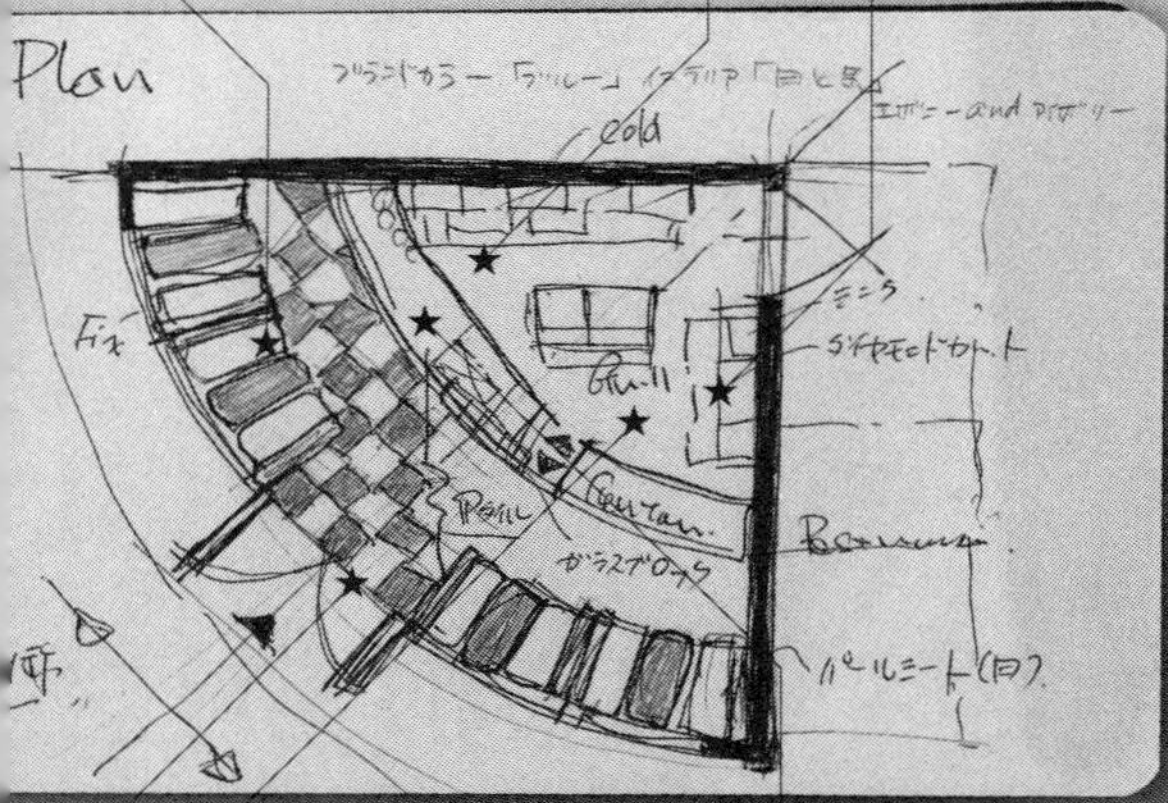

★ *Display*

吊り戸棚は、上部コルトン表示。乳半にシルク印刷。内部照明は、スリム管カラー。ディスプレーは、英字新聞、ダイナー写真。

★ *Open Kitchen*

オープンキッチンの問題点は、コミュニケーション（けっこう難しい）。

★ *Floor*

床は、Pタイル、白黒。

★ *Material 01*

マテリアルは、ステンレス、ヘアーライン仕上げ、アルミ素材、ビスのピッチ、天井ライトペンダント50年代風。

★ *Logo*

ロゴは、フランス風に。

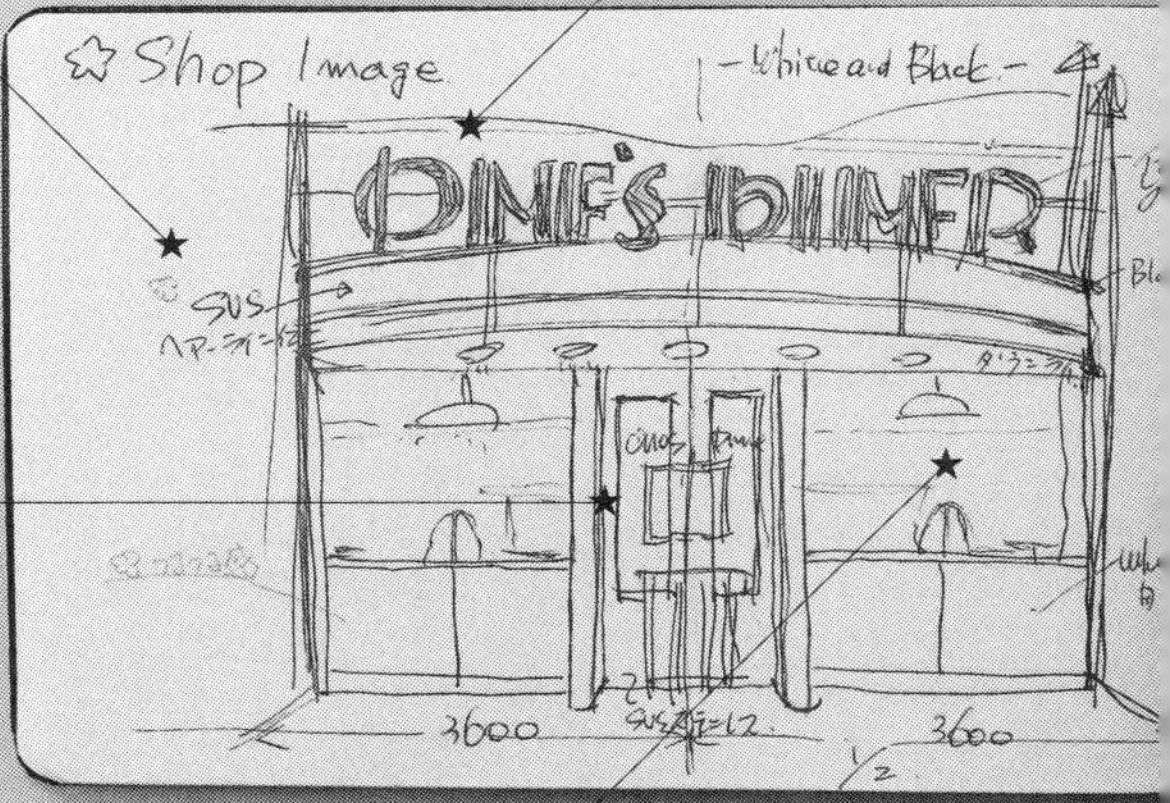

★ *Interior*

内外装、キッチンイメージは、左右対称、ベンチシート（パール）布団張、びょう打ち。基本カラーは、白と黒。イエローと赤のワンポイント。

★ *Material 02*

カウンター天板、グレー。壁、天井、マテリアル光沢。

★ Detail 04

テーブルセッティングは、一つひとつ、こだわることで、全体イメージを作る。

★ Straw Stand

ストロー入れがポイント。輸入…ペプシイメージ、ガンタイプ。ストローは赤。

★ Sundae Glass

サンデーグラスを使用。

★ Napkin Holder

ナプキン立ては昔のタイプ、ステンレス製。

★ Plate

大きなお皿に少し盛りではなく、小さなお皿に大盛り(バランスに注意)。

★ Mug

なぜか、マグカップにカップソーサー付ける。コーヒーマシンは、「バーニ」とする。USAイメージ。おかわりは自由、ウェイトレスが、お客さまに注ぐ姿が良い!

★ ***Detail 01***

カウンターは、ハイチェアの高さ。

★ ***Detail 02***

ダイヤモンドカットは、下町の板金屋さんに頼む。

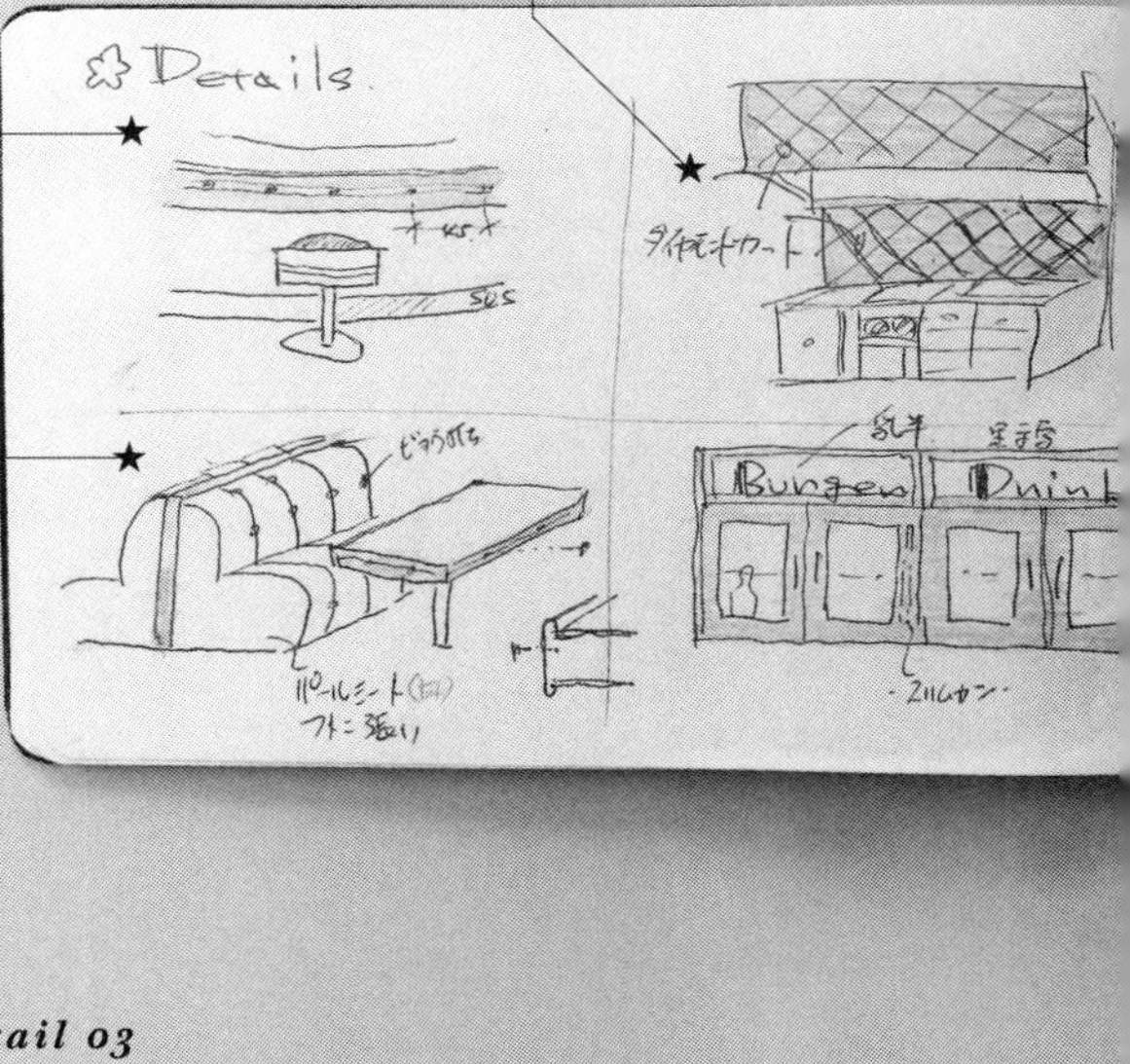

★ ***Detail 03***

シートの布団張職人を探す。

★ Poke

Pokeポキ。マグロ、アボカド、サラダ、しょうゆ、ニンニク。

★ One's Sundae

ワンズサンデー。売れないと思うが、提供。

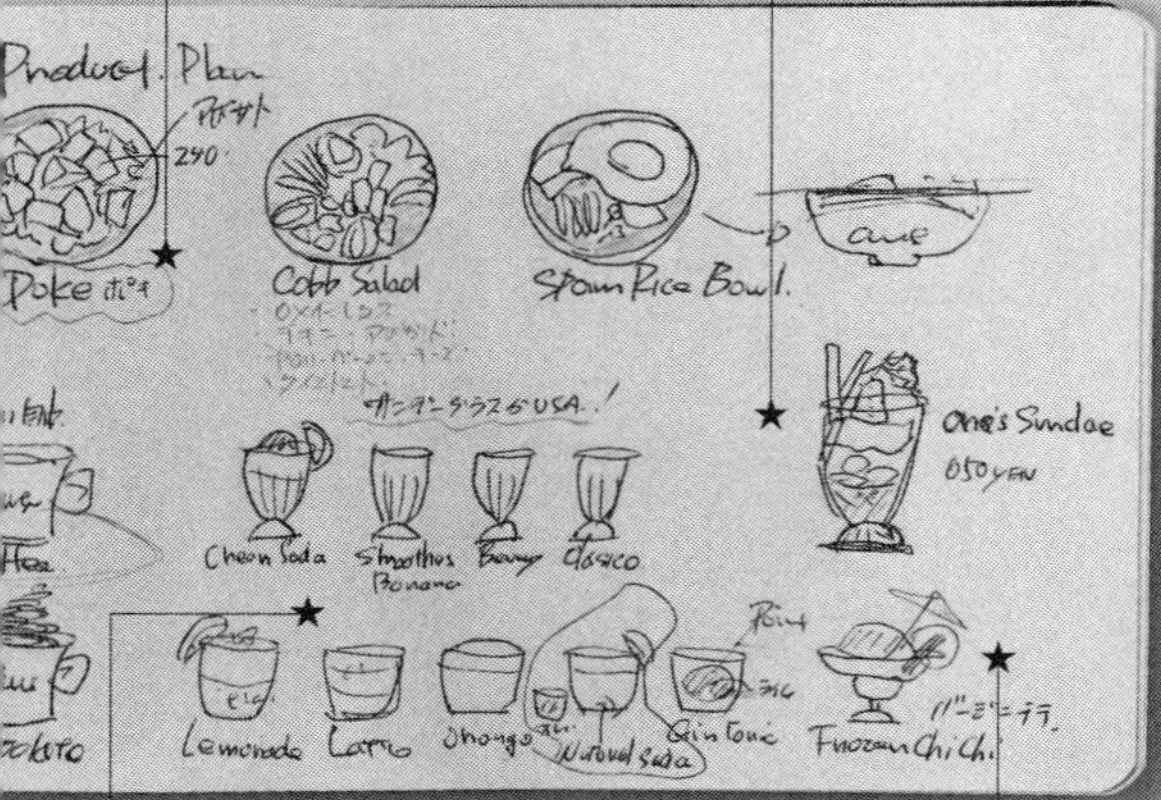

★ Drink

USAを表現するメニュー。ホットチョコレート、ココア（クリームたっぷり）、スムージー、レモネード、手作りのジンジャエールが出来ないか？ ナチュラル・ソーダ…日本で商品になるか？

★ Cocktail

カクテルは、アルコール抜き「バージンチチ」を出したい。

★ ***Buns***

ゴマバンズは、バターロール系。

★ ***Burger***

Burgerは、オープンサンド方式。組み立てないで提供。お客さんが組み立てても、ナイフ・フォークでも自由。

★ ***Tomato***

USAトマト使用。輸入、水分が少なく、果肉が多い、Burgerにピッタリ!

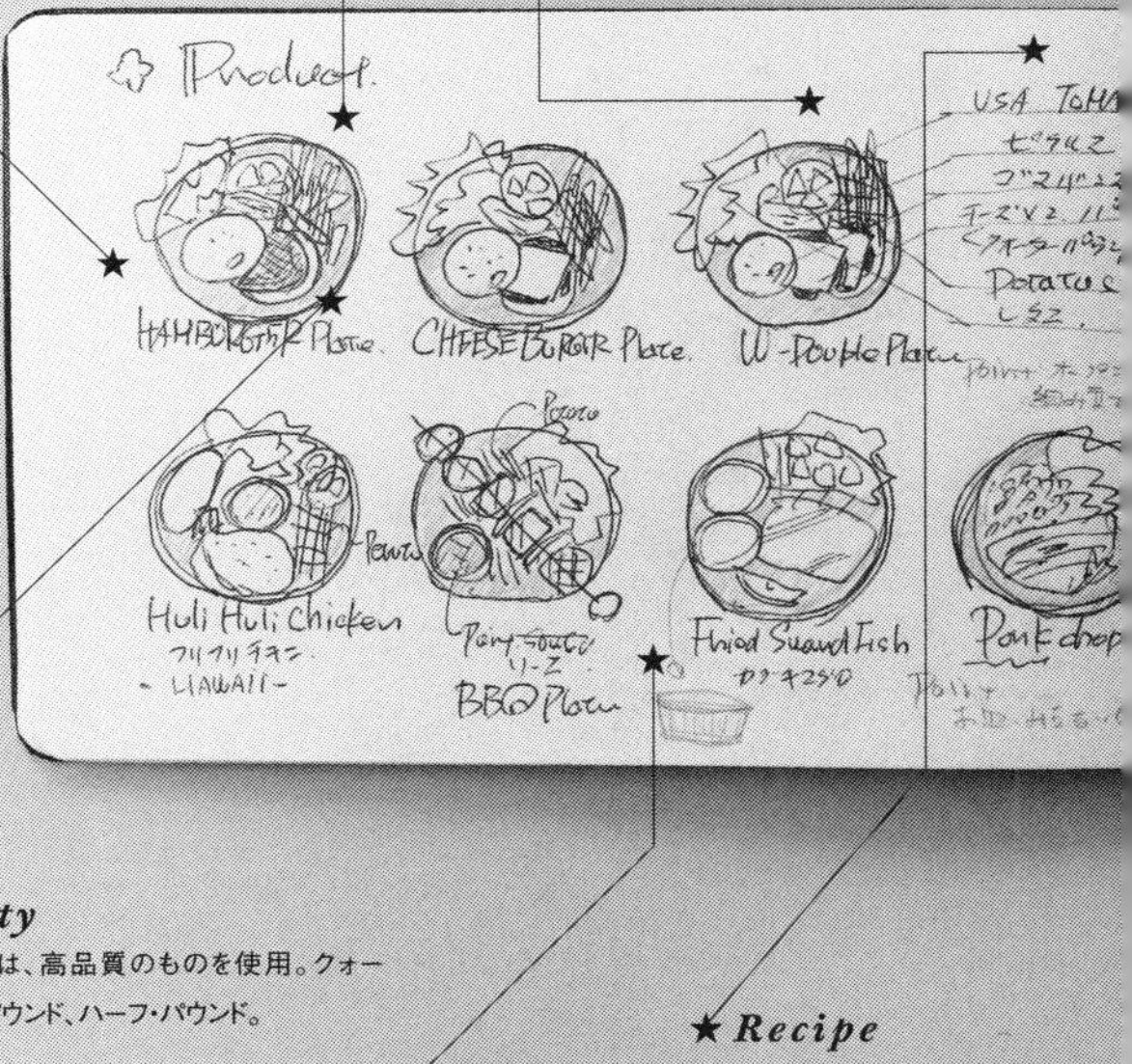

★ ***Patty***

パティは、高品質のものを使用。クォーター・パウンド、ハーフ・パウンド。

★ ***Recipe***

ピクルス、グリーントマト。高い。

★ ***Stock***

本来、Burgerは、3品でやりたいが、先行のためのアイデアストック。

★ *Priority*

リピーター創造。お客さま心理は、通常サービス時は、[品質ー価格ーサービスー時間]だが、ピーク時には、[時間ー価格ー品質ーサービス]と、優先順位が変わることがある。

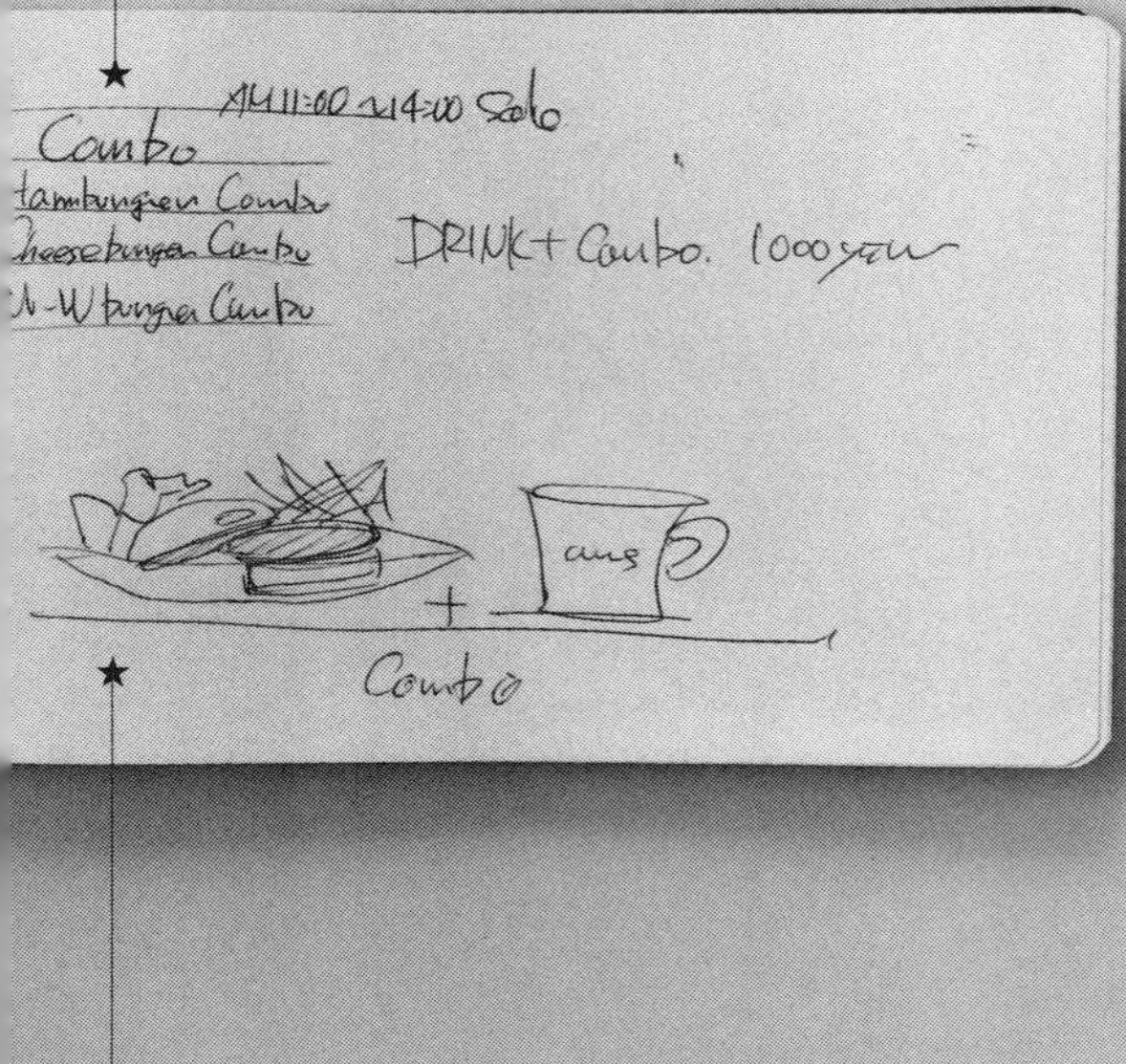

★ *Combo*

ピーク時は、Combo提供。

Hamburger Combo:burger+Drink=800yen、

Cheeseburger Combo:burger+Drink=900yen、

W-burger Combo:burger+Drink=1000yen。

★Price Zone

プライスゾーンは、Drink:380〜600yen、Food:800〜1200yen、Side:200〜400yen、Combo:800,900,1000yen（Drink付、時間限定）。プライスポイントは、1000yenと、1200yenの間に置く。

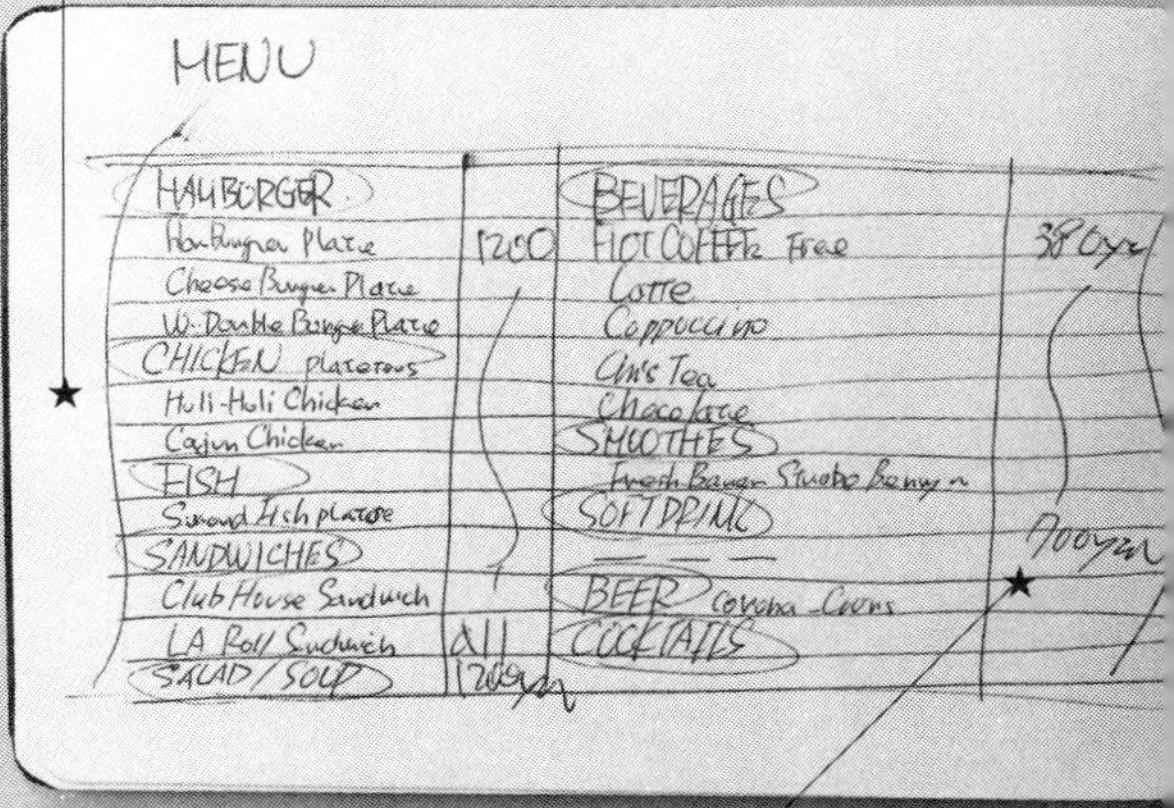

★Cost Performance

社会環境、売上推移によって、Menu改訂。ゾーン・ポイントを変化させ、F／Lコストを調整する。

★ *Renewal*

想定通りにいかなかった場合は、価格・商品をリニューアル、サービス変更、デリバリー、Take Out比率を上げる。

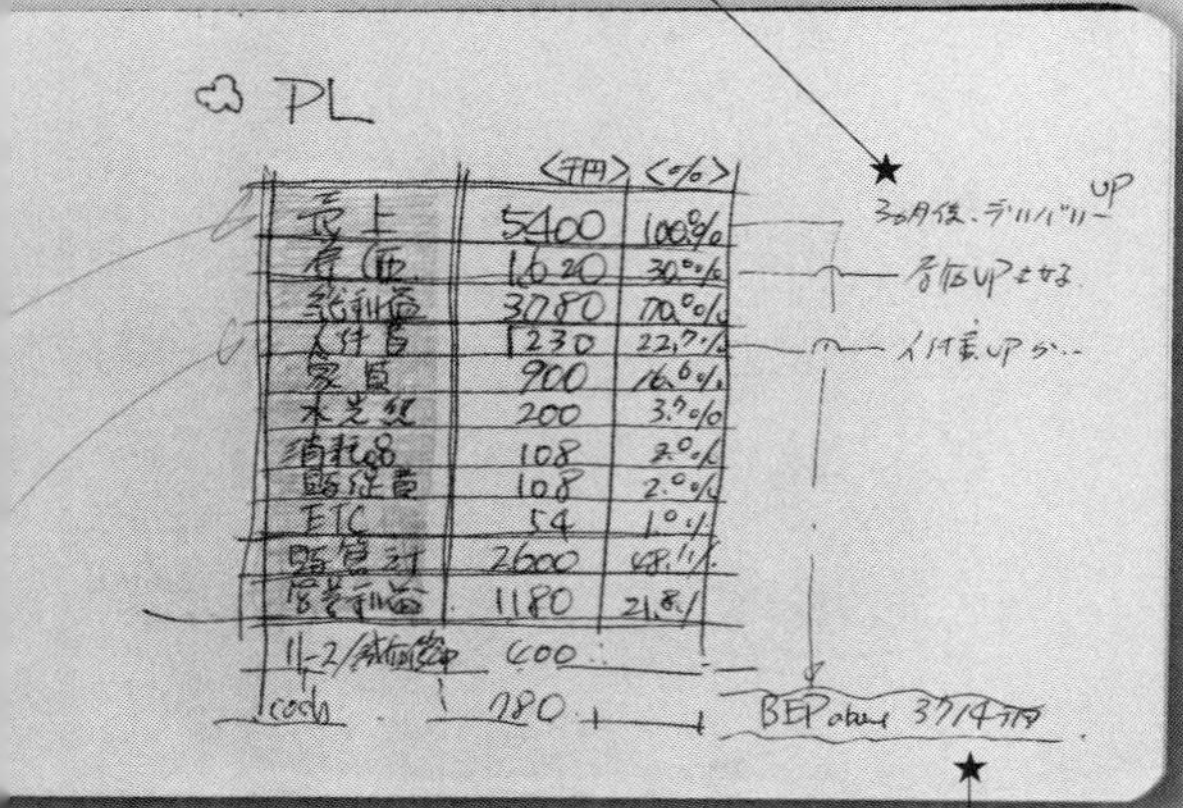

★ *Break-Even Point*

想定通りのお客さま数が確保できれば、利益は大。ブレイクイーブンポイントは、約3700,000yen。想定通りであれば、19ヶ月以内に回収、利益率は21%!

★*Business Hours*

営業時間:10:00〜23:00(13h)。
客数:150客/1日×客単価1200yen
=180,000yen/1日売上。

★*Sales*

売上想定:180,000yen×30日
=5,400,000(あくまでも計算上)

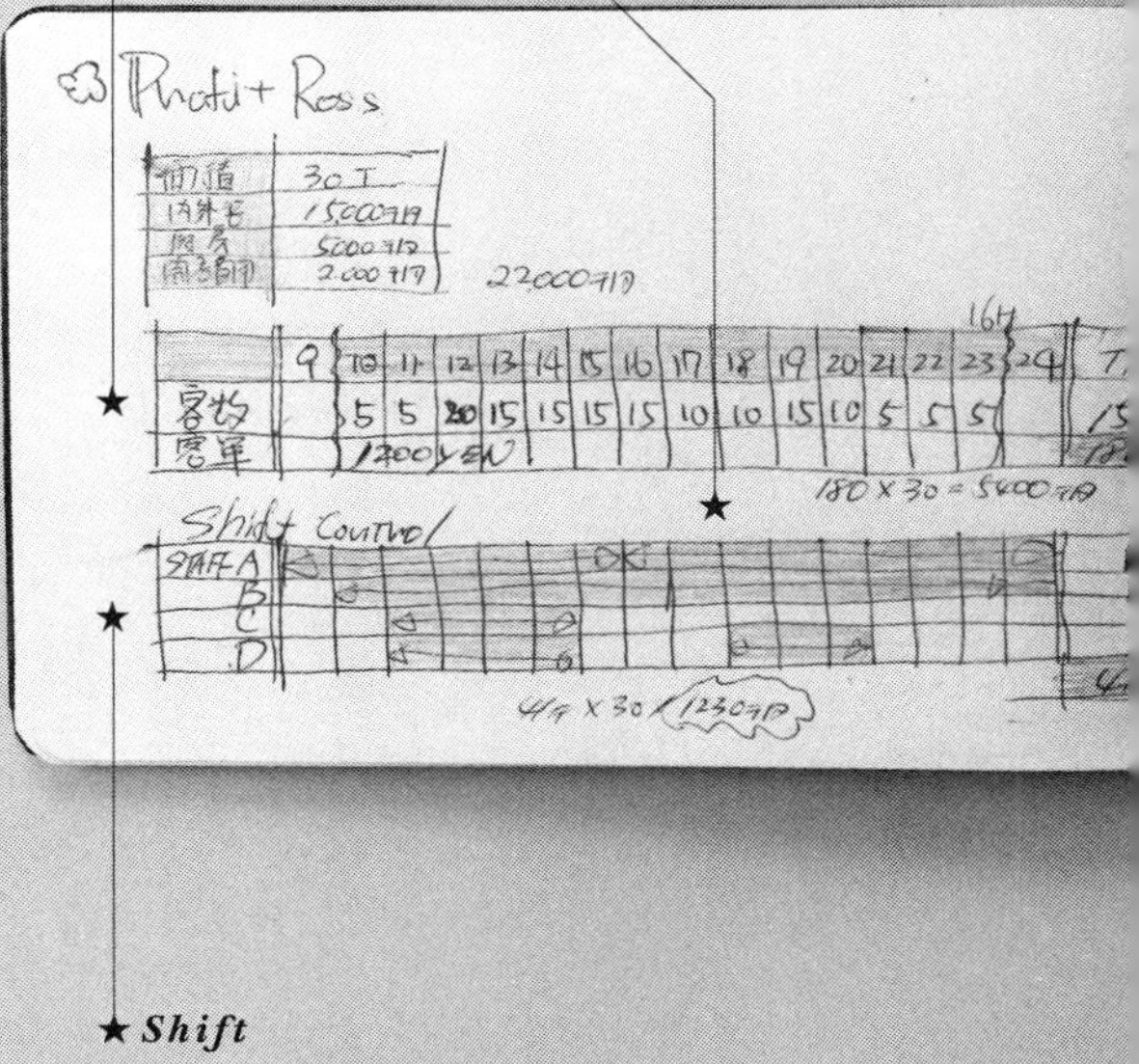

★*Shift*

シフト:時間別客数から想定・ピーク時=4名体制、3名体制、アイドルタイム=2名体制、朝1時間ー夜1時間=仕込、そうじシフト、1日・41h=時給1,000yen(1日・41,000yen×30日=1230,000yen)。
*想定シフトにあわせたリクルート。

★ ***Brand Renewal***

業態(Brand)は、スタイルを変えて進化する。

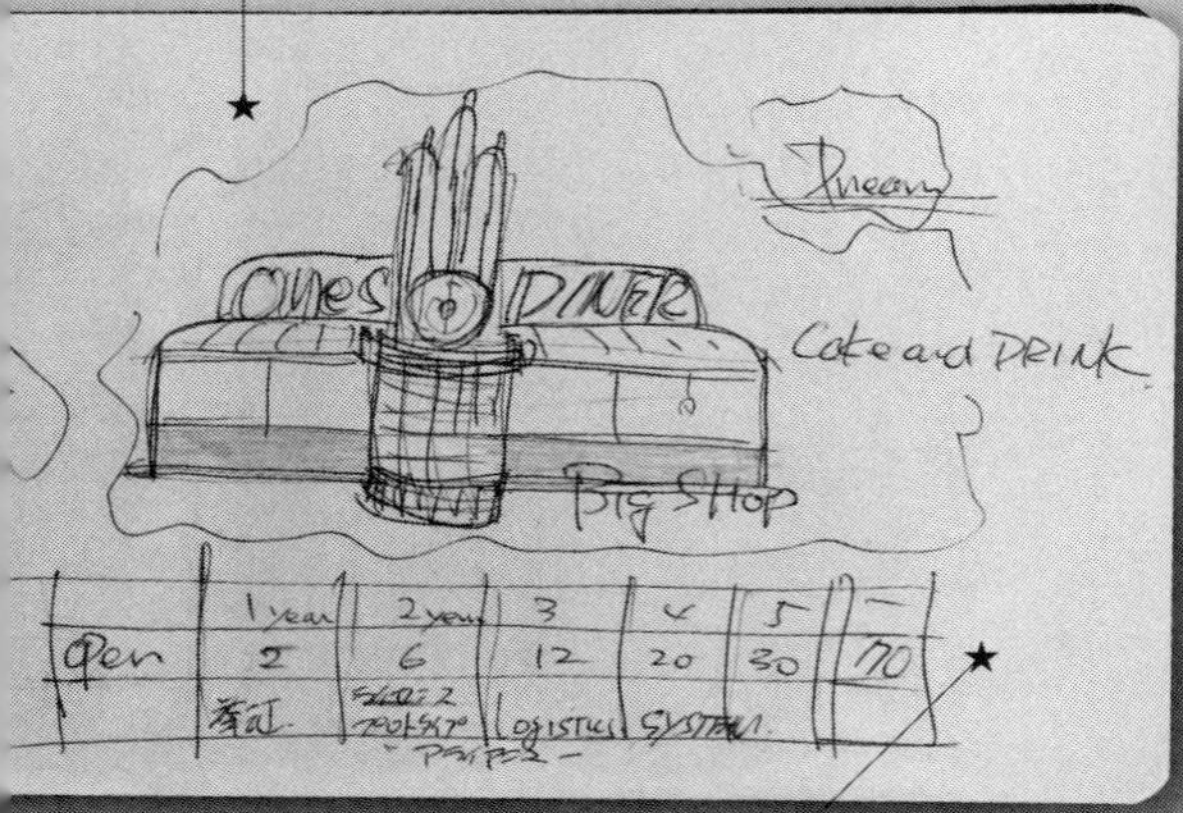

★ ***Type***

①独立店舗(創業店):30坪タイプ。②カウンタータイプ(商業施設・駅中):10〜20坪＝メニューを絞る必要あり。③フリースタンディングタイプ(郊外型):50〜70坪＝メニューを変えないとダメ。

★ *Brush Up*

業態寿命は短くなってきている。今、流行っている業態もいずれ低迷していく事がある。だから、同じ業態でも常に社会環境と共にブラッシュアップ(マーケティング、商品開発)が必要。

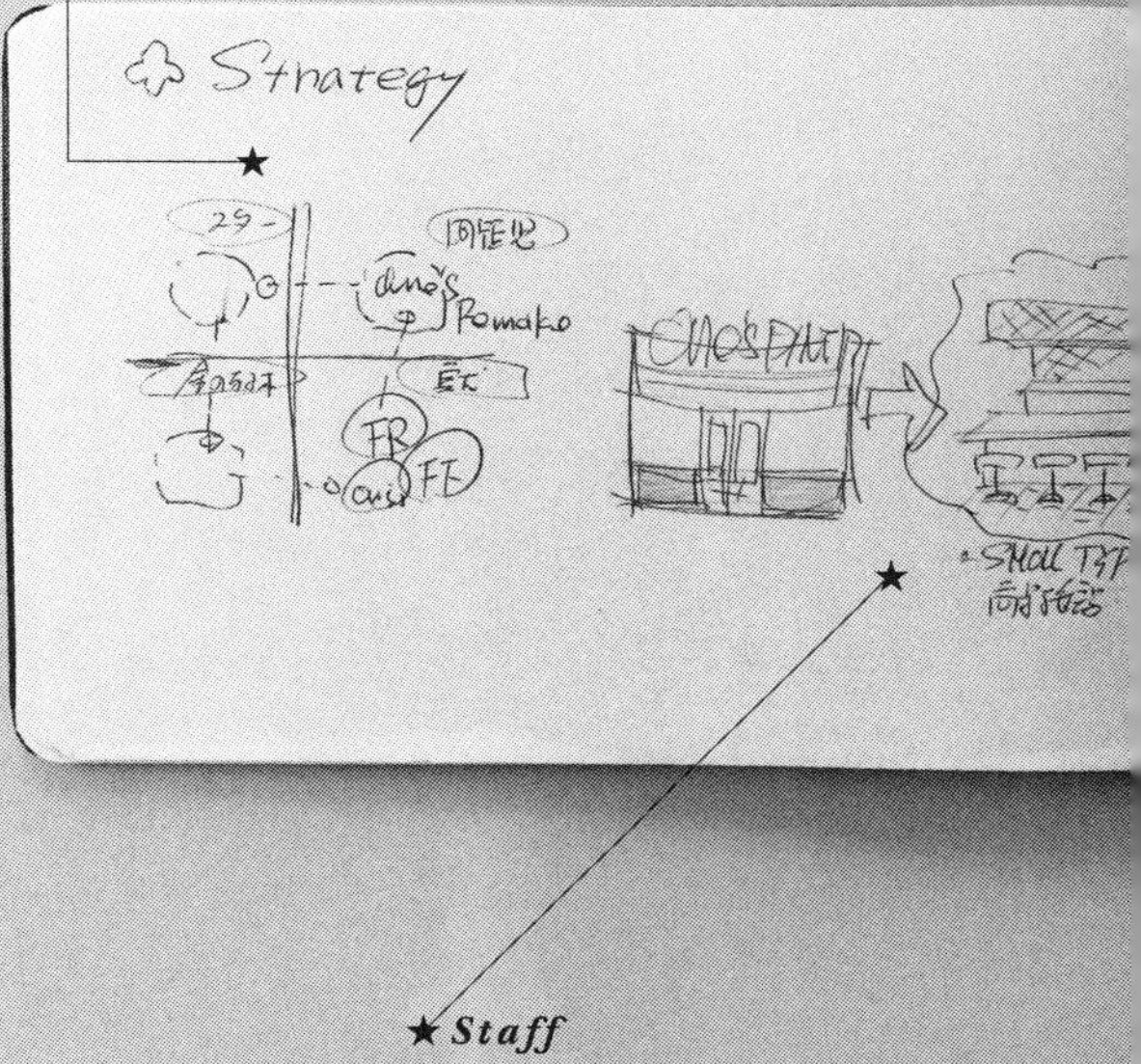

★ *Staff*

新しい業態を起こすスタッフと、育てるスタッフは、真逆である。新業態開発は、1人、もしくは少人数。育てるスタッフは、ホスピタリティ豊かなチームワークと組織が必要。

Chapter

1

フレッシュネスバーガーができるまで

それは運命の出会いだった

一九九二年の冬のこと。

《いいなぁ、この物件》

都心にほどちかい渋谷区の高級住宅街の一角。こんなところに、木造平屋建ての小屋があることに、僕は感心していた。

周囲は閑散としていて、隣のガソリンスタンドの従業員以外には人影も見あたらない。通りの反対側は材木屋なのだろう。同じサイズに切り取られた木材が、工場の前にきれいに立てかけてあった。すでに作業が終わっているようで、シャッターは閉まり、静まり返っている。

そんな人通りも少ない場所にこぢんまりとたたずんでいる小屋に夕日が当たっている情景を眺めながら、先ほどから胸の高鳴りが押さえられない。

デジタルカメラなどなかった当時、僕はいつも使い捨てカメラをポケットにしのばせていた。おもちゃのようなシャッターを夢中で切っていた。フィルムを巻くカリカリ、カリカリという安っぽい音があたりに響いた。気づけばわずか数分で、三六枚撮りのフィルムを撮り切っていた。

その日の午後、全国に一〇〇〇店以上を展開する持ち帰り弁当のチェーン、「ほっかほっか亭」の役員室に僕はいた。

二七歳の時に始まったこの事業は順調に規模を拡大し、瞬く間に日本全国に知られる会社に成長していった。

創業当時から寝る暇さえないほどの勢いでチェーン展開を行なってきたが、その頃にはすっかり組織化が進み、僕が手足を使ってやらなければならないことは、ほとんどなくなっていた。

僕に課せられた仕事とは、会議に参加することだけ。嵐が過ぎ去って、急に晴れ間が広がった空のような静けさの中に、僕は身を置いていた。

芝浦にあるオフィス（当時）の窓の外では、ちょうどレインボーブリッジの工事が繰り広げられていた。

お台場の海に少しずつ橋梁ができあがっていく様を、飽きるともなくぼんやりと眺めていた。

《冬空の下、潮風を受けながら働くのって大変だろうなぁ》

ようやく建造物らしくなってきたむき出しの鉄骨に張り付いている、何人もの作業員を眺めながら、そんなことを思っていた。

《もう、そろそろだな……》

取引先の不動産会社に向かう時間が迫っていた。

その不動産会社は、ほっかほっか亭の店舗開発に何かと協力をしてくれている。この日は簡単な書類を受け取りにいく約束をしていた。オフィスのブラインドを下げて、僕は渋谷区にあるその会社にクルマで向かった。

担当の桜井氏と軽く打ち合わせをしたあと、どちらからともなく最近の不動産の動きについて話しはじめた。

「そうそう、富ケ谷で一軒、どうしようもない物件があって、困ってるんですよ」

桜井氏がそんな話を切り出した。聞けばそこは有名な劇団が稽古場として使ったり、バーになったり、いろいろな業態に利用されてきたという。ところが何をやっても長続きしないらしい。

「立地が、悪すぎるんですよね。なにしろ昼間でさえ、人通りがほとんどない所だから……」

東北沢から松濤に抜ける道沿いの物件で、ちょうど東大の駒場キャンパスのはす向かいにある。僕の家はその近くにあったから、なんとなく記憶に残っていた。隣にはガソリンスタンド、通りの反対側には材木屋。山手通りから甲州街道への抜け道となっているその通りにはこれといった商業施設はなく、たしかにその付近を歩いている人を見かけたことはない。

《なるほど、あそこは商売に向いていないだろうな》

僕自身、最初はそう思った。

「栗原さんが使ってくれるなら、月一五万円で貸しますよ。敷金も保証金もいりませんし、自由に改装してもらっていいですよ」

桜井氏は苦笑いしていた。

当時の僕は、ほっかほっか亭のチェーン展開のために、全国の物件という物件をこの目で見てきた。その経験からも、どんな立地なら繁盛するか、一度見ればだいたい予測がつく。空いているなら一度は見ておこうと思った僕は、

「せっかくだから、今日の帰りに、見てみますよ」

と返事をして桜井氏に別れを告げた。

そして約束通り僕はその物件のある場所に向かったのだ。


夕日が衰え、そろそろあたりが暗くなろうかという時刻、その物件の前に立ってみると、過去に観た映画のワンシーンや、アメリカで視察してきたカフェなどの記憶が脳裏に蘇ってくる。そして、ふとこう思った。

「この物件はハンバーガー屋がいいな……」

僕の頭の中には三次元映像が浮かんでいた。お店の明確なイメージとともに、そこにはどんなお客様に来ていただきたいのか、どんな商品をどんなスタッフで運営するのかといった具体的なことまで一つひとつがクリアになっていったのだ。

こんな都会の真ん中で、新鮮さにこだわった手作りハンバーガーを、ホスピタリティあふれるスタッフが提供する。そんなお店ができたら、きっとたくさんのファンができるだろうな。そんな確信に似た気持ちが湧き上がり、胸の鼓動は高鳴っていた。

物件から二〇〇メートルほど離れたところに「スピード現像」の店を見つけ、さっそくカメラを渡した。そして、店の前にあった公衆電話の受話器を取り、コインを入れた。デジカメ同様、まだ携帯電話も普及していなかった頃のこと。

「桜井さん、例の物件ですけど、本当に貸してくれる？」

電話の向こうで桜井氏は戸惑っていたと思う。

それが僕と、その物件との「運命の出会い」だった。

たった一軒の強みを生かした手作りの店

理想的な物件というのは、素敵な女性との出会いと同じで、偶然に支配されるもの。一年中、血眼になって探しても理想の相手は簡単に見つからないものだ。

ところが探すのをやめた途端、「ここ借りてくれない?」と、不動産業者の方から意中の物件を頼まれたりする。物件との出会いは「縁」だと感じることが多い。

それだけに、この物件だ！　と思ったら、ちょっとやそっとでは引き下がるわけにはいかない。そう。僕はあの物件に一目惚れしたのだった。

写真が仕上がるのを待つ間、僕の頭にはもう、お店のイメージが具体的にできあがっていた。でもそれは、日本のハンバーガーショップとはまるで違ったものだった。

商品イメージは以前、アメリカのサウサリートで見た、町に一軒しかないハンバーガーショップのハンバーガー。アル・カポネも食べたといううわさのこぢんまりとした店が出していたハンバーガーだ。僕はそこを一度だけ訪れたことがあった。

まるで個人の一戸建てのような趣で、足を踏み入れた時には他に客はなく、厨房に立っていた若いメキシカンが「やあ」と声をかけてきた情景を思い出す。

彼は僕の注文を受けると、手馴れた手つきでパティを鉄板の上で焼き始めた。パティとは、ハンバーガーに挟む肉のこと。肉の焼ける音と香りがあたりに漂った。

その記憶と同時に、脳裏に浮かんできたのがキャシー・ベイツが出演していた『フライド・グリーン・トマト』という映画だった。昔のアメリカ南部を舞台にしたこの映画に登場する、いかしたカフェの情景がありありと蘇っていた。

「本当に、一五万円で貸してくれます？」

桜井氏とはもう長い付き合いだったから、僕がそんなふうに自分から積極的に頼むこと自体、意外だったのだろう。

そもそも不動産を借りる場合は、こちらが「貸してください」と頭を下げたら負け。僕はこれまで何百件と不動産契約をしてきたからよく知っている。こちらの態度を見て、相手は条件を厳しくするものだ。でもその時はなりふり構わず貸してほしいと頼んだ。

僕の頭の中にビジネスとしての勝算があったかというとNO。まずハンバーガーの作り方も知らない。自信など持てるはずもなかった。直感的にハンバーガー屋がいいと感じただけで、それ以外のことは何も考えていなかったのだ。ハンバーガーの作り方は、店を作りながら覚えればいいと、本気でそう思っていた。

ほっかほっか亭では毎年、主要な役職者がアメリカに視察旅行に出かけていた。毎回、一度の視察で何十軒もの飲食店を視察する。

一日、三〇軒の視察をしたこともあった。体力的にはかなりハードだが、不思議に疲れは感じなかった。それだけアメリカという国で生まれる飲食店には日本では見かけることのないような斬新な業態が多く、刺激を受けることが多かった。視察しながらそれぞれの店の店舗デザイン、メニュー、運営ノウハウ、接客、空気感を蓄積していった。

こうした店の視察とともに楽しみにしていたのは、現地のテレビコマーシャルを見ることだ。テレビコマーシャルはドラマやニュースを見るよりも直接的に、その国のリアルな大衆文化を知ることができる。アメリカの流行は時間を置いてやがて日本にもやってくることが多いので、とても参考になる。

数あるテレビコマーシャルの中で、特に印象的なものがあった。それはある時期、マクドナルドが放映していた味のあるＣＭだった。

それはアフリカ系の男性が簡素な厨房に立ち、鉄板でパティとバンズを焼いているだけのシーンを描いたものだった。バンズとは、ハンバーガーに使うパンのこと。そこに「マクドナルドは創業当時の味を今も大切にしています」というナレーションが入る。

すでに世界企業になっていたマクドナルド各店では、ハンバーガーもフライドポテトも自動装置を使った調理体制が整っていた。それでも創業当時の味や思いは今も生きているよ、という趣旨のメッセージを伝えるイメージ広告だった。

その時の映像で見たハンバーガー作りは、意外なほどシンプルだった。大きな鉄板の上でバンズとパティを並べて焼き、焼き上がったバンズにパティを乗せて「はい、どうぞ」という感じで、ハンバーガー作りの原点を見たと思った。ただ、たとえ創業当時には手作りの味の良さがウリだったとしても、効率を求めていくといつしかシステム化され、その結果、業態は利便性指向型に変わっていくのだと感じていた。

富ケ谷の物件を見た時、一度だけ見たそのCM映像と、『フライド・グリーン・トマト』の中に出てきたカフェ、そしてサウサリートのハンバーガーショップが次々と脳裏に蘇ってきたのだ。

「原点に戻って手作りでいくなら、僕にもできるのではないか」と思った。

手作りにこだわった理由はもう一つある。以前、アメリカ視察でマクドナルドの第一号店を訪れたことがあった。そこはもう博物館となっていたが、目の前に最新型のマクドナルドの店舗があった。

ドリンクがボタン一つでグラスに注がれ、一滴のロスも出ないフェザータッチの装置がそこにあった。成長していく間に、今日から入ったアルバイトでも使いこなせる装置とマニュアルが必要になったのだろう。僕は、そこに新しい店舗作りのヒントを感じていた。

そこで次に脳裏に浮かんできたのが、映画『ブレードランナー』のワンシーンだった。高度に発達した近未来都市の一角に、日本食を食べさせる屋台が登場する。僕は、あの映画を観た時、「都市は発達しても、アナログなものって残るんだな」と、ふと感じたことを思い出したのだった。

今思うと、その物件を見たことで、それまで視察してきた数々の店舗の記憶や過去に見た映像など、僕の頭に蓄積されたデータベースが活性化され、関連情報が次々に引き出されていったような感覚だった。

その時、ふと、大手チェーンには低価格、大量生産の分野を任せればいい。オレはたった一軒の強みを生かした手作りをベースにした店を作ればいいんだと思ったのだ。

そんな考えを巡らせている間に、写真ができあがった。写真を受け取ったら、プランを絵にしたくてしかたなくなった。

その夜、僕は、ほっかほっか亭のオフィスに戻ることをやめた。写真と頭の中のプランを抱えて、自宅へと急いだ。

まるで恋人とのデートプランでも考えるように、うきうきした気分だった。

ハイタッチでアナログな店にしよう

世の中には二つのタイプの人がいるように思う。

一つは、何事も始める前にすべて計算しないと、行動に移さない「計画先行型」の人。もう一つは、先のことはわからなくても、やれそうなことから行動に移す「実践先行型」の人だ。

僕は典型的な後者のタイプ。何か閃いたら、すぐに実行に移す性格だ。問題がなければ、どんどん突き進む。問題が発生したら、そこで立ち止まって解決策を考える。

富ヶ谷の物件を見つけた夜、僕は自宅に戻ると自室に閉じこもった。

さっそくT型定規やコンパスなどの設計用具を机の上に並べて、スケッチブックを開いた。脇にはできあがったばかりの写真を置いた。

あとは一心不乱に、自分の頭の中にあるイメージを紙に書き写した。

外食産業や流通業の会社は全国に数多《あまた》あるけれど、店舗の設計ができる経営者はそうそういないのではないかと思う。僕は、そんな稀な経営者の一人だと勝手に思っている。

というのも、僕は大学時代に設計を学び、卒業後は設計の技術者として大手住宅メーカーに入社。設計の仕事をしていた時期もあったからだ。

設計士の資格を持った経営者は、設計事務所以外にはあまり多くはないはずだから、当然と言えば当然かもしれない。

物件の外観はアメリカ南部の片田舎にありそうなカフェをイメージした。板張りの壁で屋根の上にはでかい看板があり、看板の両脇には迫力のあるハンバーガーのイラストと、コーヒーポットからカップに注がれるコーヒーのイラストを描く。認知率が皆無に等しい時は格好よりもインパクトが大事だと考えたからだ。

夜はその看板をライトで照らすスタイルにしよう。これは外照式と呼ばれる看板で、アメリカのカフェやレストランで多く採用されているスタイルだ。ほとんどは板に直接ペイントしてあって、夜にはライトで照らす。雨や湿気が少ない気候ならではの方法だ。

しかし、雨と湿気の多い日本で直接ペイントをやると、看板は一年以内に確実に腐ってしまう。僕はそれを知っていたので、ちょっとひねってアルミフレームにコンピュータグラフィックで看板を作ることにした。

メニューボードも、アメリカのカフェなら板に直接、手書きでペイントされるが、看板と同じ理由から、一見、手書き風に、コンピュータグラフィックで作成。それを板に貼り付けた。そんなふうにコンピュータ技術を使ってアナログなお店を演出するという矛盾した発想で店舗設計を考えていった。

厨房は鉄板のグリルが端にあり、注文を聞くカウンターと飲み物のサーバーの位置を決め、店内には五つの小さなテーブルを置くことにする。

屋根は自然の光が入るよう三箇所を切り取ってガラスをはめ、サンルーフのしつらえに。それも物置に使用するタキロンという安い素材を使って、意図的に粗雑なムードを表現することにした。

床は、何十年もそこにあったかのような、あえて古びた板張りにしたかった。そこで採用したのが屋根の下地に使う、「野地板」だった。安価な上に、珍しい素材で、古びたムードを出すにはうってつけだ。

そんなふうにイメージを膨らませながら、絵にしていった。ある程度、図面が進んだところで、はたと手が止まった。さて、店の名前をどうしようか。

店のコンセプトから考える。もともとメガチェーンのような店作りは目指していない。

「ハイテク」という言葉が氾濫する時代だからこそ、手作りのぬくもりを伝える店。そのために、人の健康を第一に考えた新鮮な素材を使ったハンバーガーを提供したい。

新鮮を英語にすると「フレッシュ」となる。しかしそのままでは、商標登録で苦労するのは目に見えている。それはほっかほっか亭時代に経験済みだ。

少し余談になるが、「ほっかほっか亭」を商標登録しようとしたら、一般の人が日常ふつうに使う表現は商標としては認められないとして、なかなか受け付けてもらえなかった経緯があったのだ。役所を説得して商標登録するには、随分、時間と労力を費やした。

「フレッシュ」も一般の人が日常的に使う表現だから、簡単に通らないことは

容易に想像できた。では、フレッシュを変形させて、何かいい言葉にできない
か。
そもそもフレッシュ=新鮮、と日本語では名詞のように使われているが、英
語でfreshは、「新鮮な」という意味の形容詞だ。
だったら英語で「新鮮」は何か。辞書を調べてみると「freshness」という
単語があることを突き止めた。「フレッシュネス」は日本語として使われるこ
とはないので、商標登録も簡単に済みそうだ。言葉の響きも悪くない。
「よし、フレッシュネスバーガーにしよう」
こうして一晩のうちに、フレッシュネスバーガーの基本構想と店舗イメージ、
名前、メニューとすべての概要ができあがった。
さて、次の問題はハンバーガーの作り方をどうするか？　ということだった。
本来なら店名よりそちらが先だったかもしれない。でもこれが「実践型」と
自他共に認めるゆえん！　計画型と実践型。二つのタイプに優劣などないけれ
ど、どちらが人生や仕事を楽しめるか、といったら「実践型」タイプに軍配が
上がるのではないかと僕は思う。

もちろん計算しないまま始めれば、予想もしなかった問題にぶち当たることになる。でも、起こり得る問題をすべて予測するのも不可能だ。もし仮に、問題のすべてを予想できたとしても、実際に起こるのはそのうちのいくつかだろう。すべての問題の解決策を考えていては、取り越し苦労になってしまう。

同じ生きるなら計算しきれない毎日のほうが断然面白いと僕は思う。わかりきったことをやるだけの毎日は、退屈だと思う。それに、ハンバーガーの作り方がわからなくてもハンバーガーショップを開くことはできる、という根拠のない自信もなぜかあった。

もちろん、おぼろげに「あんなふうにやれば、できるんだろう」という感触はあった。

「あんなふうに」とは、たまたまテレビで見た、マクドナルドのテレビコマーシャルだ。創業当時を髣髴《ほうふつ》させるシンプルな厨房と調理方法の映像。あれを見た時、原点に戻ればハンバーガー作りはできると思った。

簡素な設備でも一つひとつ丁寧に焼いて、新鮮でおいしい素材を使って、できたてを提供すれば、必ずお客様の信頼を得られるはず。そんな確信を持って、僕は設計図を完成させたのだった。

フレッシュネスバーガー誕生

商売を始めるにあたっては、業界の慣習に従うほうが無難だと思っている人も多いと思う。でも僕の経験からいうと、常識通りにやっていたらいいかというと決してそうではない。むしろ常識から少し外れたところやその反対側に成功のヒントがあるように思う。

だいたい業界の常識と呼ばれていることは、業界大手各社の都合のいいように作られているもの。だからみんなが常識に従えば従うほど、じつは既存大手が得するようになっていることが多い。

常識に従っているだけでは、小さい店や会社は成長できないのが現実だ。フレッシュネスの店作りを考えながら、僕はそんなことを考えていた。

店の外観と店内の設計図、そしてメニューのイラストが完成したのは、窓の外が明るくなりかけた頃だった。

集中して描きあげたせいか、あっという間に朝になった感じだ。少し息が上がっていたが、頭の中はとてもクリアだった。

描きあがった「絵」を見ながら、

「さて、どんなふうに経営をしていこうか」

と思いを巡らせてみる。

他の誰かの資本で運営したいという気持ちはなかった。そもそも儲けをどうやって出していくのかも考えていなかったから、出資をお願いしようにも無理だったと思う。

それに僕自身、これを純粋な仕事としてとらえていなかった。この物件に惚れて、気づいたら徹夜でプランを練った。それも自分のやりたいことを絵にしただけで、とてもビジネスとは呼べない。言ってみれば「作品」みたいなものだ。

「この店は、仕事じゃない。オレの作品だ！」

そう割り切ることにした。割り切った途端、俄然、やる気が出てきた。

自分のやりたいことなんだから、身銭を切ってやろう！　そう思うと余計に楽しくてしかたがなくなった。

これから起業を狙っている人が聞くと、がっかりするかもしれない。でも事業を興す時には、採算だけで考えるやり方もあるけれど、自分の理想とするものを実現しようという方向で起業することもあると思う。

採算だけで詰めていくと夢がなくなるし、夢だけを追いかけていると、経営は破綻する。どちらも一方に傾くとつらい。事業とは双方を兼ね備えたものではないか。けっして夢から入ることは間違いじゃない。

ただし、先立つものがいるのはどちらだろうと同じこと。どうやってお金を捻出しようかと思いを巡らせて考えついたのがゴルフの会員権だった。

バブル期に一二〇万円で買った会員権が八五〇万円まで値を上げていた。翌日、僕は誰にも相談することなくそれを売った。理想の実現のためなら、ゴルフを諦めよう。そう思って売ることに決めた。

ちなみにほっかほっか亭を立ち上げた時は、これよりも少ない資金で始めた。それであれだけの成長ができたのだから、今回はさらに成功の可能性はあると思った。

八五〇万円のうち、八〇〇万円を内装費にあて、残りの五〇万円を預金する。

この資金を元手に仕入れを賄うことにしよう。

投資もギャンブルも事業も、引き際を明確に決めておくことが肝心だ。僕は、元手の預金五〇万円が底をついたら店を閉める、というわかりやすいルールを設けた。その時は潔く内装費八〇〇万円に見切りをつけよう。そう腹をくった。

その日、できたての設計図をもとに、内装業者に工事の発注をした。ところがなかなか業者が作業を始めようとしない。こちらのオーダーにあれこれと意見をしてくるのだ。最初に頼んだのは、何軒もハンバーガーショップの厨房を手がけてきた業者だ。その業者は、こちらがオーダーしている設備が規格を無視したもので、あり得ない設計だとクレームをつけてくる。

「今どき、こんな設備でハンバーガーを作る店はない」というのだ。

フライヤーは時間で自動的にＵＰするタイプじゃないと焦げてしまう。ただその装置は数十万円もするものだ。そこで、手動の二層フライヤーにすれば安いし、自動装置にしなくても五〇〇円のタイマーで時間を計りながらやればいい、と僕は考えた。

バンズトースターもしかり。ある意味、マクドナルドがハンバーガーショップの先生になっているだけに仕方がないのだが、そのマクドナルドにしても創業時はグリドルで一つひとつ焼いていたはず。

日本では、すでにできあがったシステム、厨房機器のノウハウが一人歩きしているのか、それ以外の形だと工事ができないというのだ。「だから素人は困るんだよ」とでも言いたげな態度。

《気持ちはわかる。わかるけど、わかってないよなぁ》

既存のチェーンのようなお店にするつもりはないということを、何度も繰り返した。

業者にとっては仕事でも、こちらにとっては作品作りのようなもの。自分のお金をつぎ込んで、理想のお店を作りたいのだ。

パティ、バンズ、ベーコンなどを一枚、一枚丁寧に調理できる設備があればいい。すなわちグリドル一枚でいいのだ。

仕方がないのでこちらの要望した通りに動いてくれる取引先にすべて変えた。

僕は会社員時代に現場監督をしたことがある。その当時の経験を生かして、建築現場に立って工事を仕切ったのだった。

世の中が師走の喧騒の中で、僕はせっせとお店を作っていたのだ。

床の板を張り替えるとき、下から数本、草が生えていた。業者の人が引き抜こうとするのを僕はあわてて止めた。

「草はそのままにして、板を張ってもらえますか?」

床から草が生えているお店。あえてアナログなムードを演出したかった。工事を進めながら心はワクワクしていた。

屋根には木製の看板を乗せ、倒れないようにワイヤで数箇所を固定。外観はグリーンを基調に、刷毛《はけ》で板にペンキを塗った。

そうしてイメージした通りの店が完成したのが、九二年の一二月上旬のことだった。

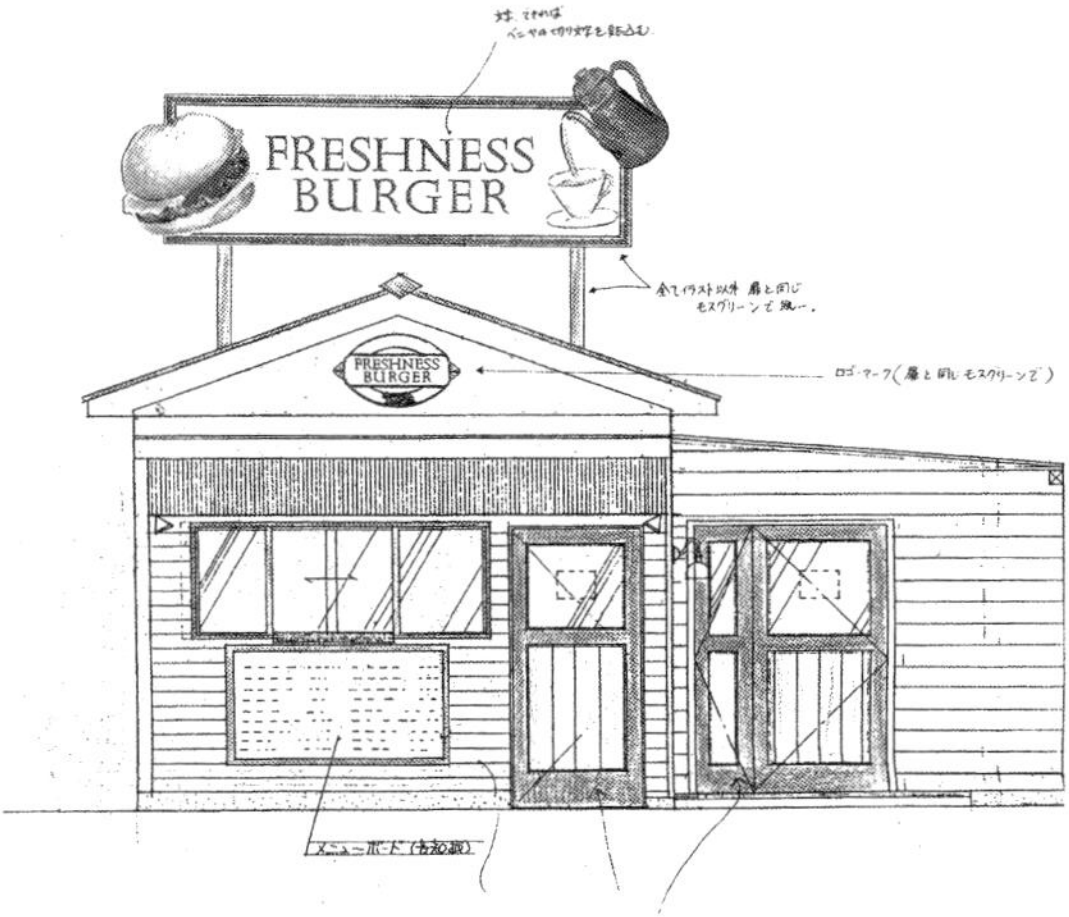

Architect's Conception

人件費はオレ⁉

新たな商売を始める時は、喜びも大きい反面、精神的なプレッシャーも重くのしかかってくる。まとまった自己資金を投入しているのだから、緊張感は嫌でも高まってくる。

頭に思い描いたようなお店ができるのか、本当にお客様に喜んでいただけるのか……考え始めると自然に肩に力が入ってくる。でも、だからこそ、商売は楽しい。

商売を始めるに当たって、一番気になるのは、ビジネスとして成立するのかどうかということだ。いくら自分のやりたかったことだからと言って、儲けが出なければすぐに資金は底を尽いてしまう。そうなれば楽しむどころか、苦い思いをするだけだ。

お店の醍醐味とは、自分が考えたサービスやメニューがお客様の心を摑み、たくさんの人に気に入ってもらうようになることだ。儲けとはその結果であって、もっと存続してほしいというお客さんの思いだ。

つまり自分が考えたことが市場に受け入れられるのが、商売の最大の楽しさであり、やりがいだと言っていいと思う。こちらが発信した文化、スタイルをたくさんの人と共有できたら、こんなに楽しいことはない。

では、お店を始める時に勝算があったかというと、そうでもなかった。大雑把な感覚としてはいけると思っていたが、具体的な計算はしていない。

読者のみなさんは、曲がりなりにも日本最大の持ち帰り弁当チェーンを立ち上げた人間なら、さぞ綿密な経営シミュレーションをやって、裏づけがあって始めたのだろうと思うかもしれないが、残念ながらまったくリサーチなどしていなかった。

なぜなら、新しく商売をしようという時に、綿密に〝計算〟したら、どうやってもやめたほうがいいという結論に達してしまうからだ。

飲食店の経営とは結局のところ、「客単価×客数」で決まる。たとえば国内で手作りを売りにしていたモスバーガーでは当時、ハンバーガー一個が二八〇円だったから、うちは一〇円安くして二七〇円にしたとしよう。ドリンクは、コーヒー一杯、一二〇円とする。

一日のお客さんの数はどうか。狭い店だから一〇人で満席になってしまう。その一〇人が仮に一時間で入れ替わるとする。

営業時間が一〇時間だとしたら、一〇人×一〇時間で一〇〇人の来店があることになる。おそらくこれがマックスの数字だろう。では一日、一〇〇人来たとして客単価を二七〇円（ハンバーガー一個）＋一二〇円（コーヒー一杯）＝三九〇円とみると、だいたい一日四万円の売上げだ。一ヶ月休まず働けば一二〇万。

一日一〇〇人の来客はあくまで理想的な数字だ。それでも一二〇万円にしかならない。飲食店の経営はFLコストで決まる。それは、ほっかほっか亭をはじめ、今までの経験からわかっていたことだ。

FLコストとはフードコスト（食材の原価）とレイバーコスト（人件費）のこと。二つ合わせて売上げの六〇％以下に抑えるのが一つの基準だ。七〇％を超えたら商売は成立しない。これくらいのことは、プロなら誰もが知っているはずだ。

たとえば原価を三〇％に抑えたとしても、仕入れと家賃一五万円と水道光熱費を払って、バイトを二、三人でも雇えば、利益なんてまず出ない。

しかも一日一〇〇人来店というのは、この立地の悪さを考えると、理想的な数字でしかない。現実的にはだいたい一日、五〇人がいいところか。そうすると月六〇万円の売上げにしかならない。たったそれだけの売上げではアルバイトを入れたら赤字かよ……というふうに、計算すればするほど「やっぱりやらないほうがいい」という結論に近づくだけ。

ありとあらゆる店が、それぞれ思いつく限りの手法やアイデアを駆使して競争しているのだから、ポンと参入して簡単に利益を上げられるわけがないのだ。

ましてハンバーガー業界ではメガチェーンが市場をがっちりと摑んでいる。当たり前の発想で向かっていっても太刀打ちできるはずもない。

だったら最初から負け戦なのか？　というとそうでもない。個人の店だって、メガチェーンに押しつぶされることなく、きちんと採算をとっていけるものなのだ。

話が一貫していないように思うかもしれないが、ここから実践的な話をしていきたい。

フランチャイズと個人店では、戦い方が違うということだ。

フランチャイズの良さは、全国どこでも同じ値段で同じ味、同じ商品を提供することでお客さんの認知率を上げると同時に、安心感を持って利用してもらえるといった利点がある。そのブランドの認知率とイメージから、客数をアップさせ、オープンすると同時に売上げが立つという強みがある。

反面、店独自のサービス商品は出せないため、店ごとのオリジナリティという面では弱い。反対に、個人店では、価格から素材、接客にいたるまで、一店舗規模で考えればいいのだから、素材や味にこだわった店の独自のメニューを提供することもできる。また接客もマニュアルに規定されることなく、それぞれのお客様の要望に応じた接し方をすることもできる。

長年、飲食業界に関わってきた経験から、僕は個人店の良さ（戦い方）を理解しているつもりだ。何より、一人きりでやっていく間は、たとえハンバーガーの原価率が一〇〇％であったとしても、やっていけるのも個人店の強みである。なにせ、人件費はオレだから、最悪、給料が出なくても潰さず存続させることはできる。

これは一人の強みだ。だからこそ、自分の楽しみに他人を巻き込むわけにはいかない。何から何まで一人きりで進めていくしかない。誰にも迷惑をかけないことが、新しい事業を立ち上げる者のルールではないかと自分では思っていた。

お客さん一人ひとりの顔を見ながら商売ができるということは、本当に強いことだ。これができている限り、お店は潰れることはない。

僕はお店が完成したのを見計らって、さっそくパンや卵、ハンバーグの素材、ポテト用のジャガイモなどを仕入れてきた。もちろん「フレッシュネス」の名前に値する、新鮮素材を選りすぐった。たしか卵は一個一〇円程度。ジャガイモは二〇キロ一五〇〇円で生のまま買ったと思う。ひたすら店内加工を多くすることで、原価を下げることができると同時に、大手チェーンと同様もしくはそれ以上の商品ができることをそれまでの経験値で理解していたからだ。最悪、原価で出しても、お客様に品質の良さが伝わるならいい。それも一人だからできることだ。

周囲には無謀に見えたかもしれないが、僕には何通りものやり方が見えていた。

常識を疑うとアイデアが浮かぶ

お店を作るとか、新しいメニューを開発するという時、大手企業の場合なら多くの人が参加する席で、いろいろとアイデアを持ち寄り、予算と時間をかけてじっくりと作るものだと思っている人が多いはずだ。

確かに僕も、ほっかほっか亭では、一つのメニューを一年かけて開発していた。一度開発してしまえば、それが全国の店で販売され、何万食も作られることになる。素材選びから仕入れの方法、物流まですべてを見据えた計画でなければコスト負担を生み、流通経路も破綻してしまうだけに、それくらいの時間はかかってしまうのだ。

ただ、それはあくまで仕入れや物流のリサーチの問題であって、最初のメニュープランに時間がかかるわけではない。

ものごとを始める時は、ほとんどの場合、一人のアイデアや行動力がその発端になるものだ。新商品を企画するにしても、新しいお店を始めるにしても、複数の人間で話し合って自然にまとまることはまずない。

試しにあるお店の新商品を複数の人間で話し合って企画してみるといい。一番最初のコンセプトの部分から複数の人間で決めようと思っても、おそらくは徒労に終わるはずだ。

チームで企画をまとめたり、何かの行動の計画を立てるにしても、まずある一人の人物のアイデアや意見があって初めて会議は動き出すのであって、それぞれにアイデアがないなら、会議は動き出すことはないはずだ。参加したメンバーがそれぞれ納得するものを作ろうと思うと、話は一つにまとまらず、議論は前に進まないのである。

本当は、どれだけ会社の規模が大きくても、ものづくりや行動のとっかかりはたった一人で行なうものだと僕は思っている。フレッシュネスバーガーのメニューも、すべて僕一人で考えた。

お店の工事が終わり、理想に近いお店が完成してから、いよいよ僕はメニュー作りにとりかかった。連日、ほっかほっか亭での一日の仕事が終わってから店にやってきて、あれこれと試作品を作っていった。

僕なりには調理の仕方もプランも頭にあったのだが、予想どおり試行錯誤の連続だ。

「経験もないのに、よくできますね」と言う人がいるが、僕は経験がないからこそできると思っている。きっとその道のプロなら、こんなやり方は、絶対にやらなかったはずだから。

そう、素人だからやれることはじつはとても多いし、経験がないことをやるから楽しいのだ。

ようやくハンバーガー作りに入ったのはいいが、オーブンも鉄板も、さっぱり使い方がわからない。「やばい!」と思った。ハンバーガー屋をやりたいのに、ハンバーガーの作り方以前に、調理機器の使い方がわからないなんて。

仕方なく料理人の知人を呼んでやってみてもらうことにした。

知人の横に立って「パンはこんなふうに焼けるかな?」とか、「ベーコンはカリカリにしてみて」とか、「オムレツの卵は、あまり焼きすぎないで」などと細かい注文を出しながら、一つずつ試してもらった。

このプロの知人から、調理の基本と衛生管理とともに、食べて絶対においし

FRESHNESS BURGER

270 yen		170 yen	
マヨネーズ	10g	マヨネーズ	8g
トマト1/4	M1	トマト1/4	S1
フレソース	35g	フレソース	20g
オニオン	25g	オニオン	15g
パティ	45g	パティ	30g

BACON OMELETTE BURGER

260 yen		160 yen	
カラシ(和)	3g	カラシ(和)	2g
ケチャップ	15g	ケチャップ	10g
マヨネーズ	8g	マヨネーズ	6g
レタス	15g	レタス	10g
ベーコン	20g	ベーコン	10g
オムレツ	1	オムレツ	

MENCHI BURGER

260 yen		160 yen	
カラシ(和)	3g	カラシ(和)	2g
マヨネーズ	10g	マヨネーズ	8g
キャベツ	35g	キャベツ	20g
ブレンドソース	8cc	ブレンドソース	5cc
メンチ	60g	メンチ	30g

SALSA BURGER

250 yen		150 yen	
チーズ	10g	チーズ	5g
オニオン	20g	オニオン	10g
サルサ	40g	サルサ	30g
シーズニング	2g	シーズニング	1g
パティ	45g	パティ	30g

TERIYAKI BURGER

260 yen		160 yen	
マヨネーズ	18g	マヨネーズ	8g
レタス	30g	レタス	15g
テリヤキソース		テリヤキソース	
パティ	45g	パティ	30g

NEGIMISO BURGER

250 yen		150 yen	
マヨネーズ	8g	マヨネーズ	6g
ソース	15g	ソース	10g
長ネギ	30g	長ネギ	20g
パティ	45g	パティ	30g

いメニューを徹底的に教わった。

とはいえ商品そのものには僕なりのこだわりが反映されている。フレッシュネスバーガーをよく利用してくださっているお客様ならご存じかと思うが、フレッシュネスのバンズは他店とは違うものを使っている。栗かぼちゃを混ぜたバンズには少し甘味がついていて、見た目も少し黄色がかっている。

業界の常識に照らし合わせれば邪道だったのかもしれない。おそらくハンバーガー作りの長い歴史の中で、中の具材が引き立つように通常のバンズは味が無いほうがいい、というのが常識になったに違いないと僕は感じていた。

常識といえば当時バンズは手で押すともとの形に戻るのが良いとされていた。でも僕は、日本人にはむしろ嚙んだらバンズに歯型ができるようなしっとりパンが絶対に合っていると思ったのだ。

プロにとっては邪道かもしれないが、お客様においしいと思ってもらえるものを提供したいとの思いで、僕は自分の感覚で特製のバンズを作った。

またバンズには防腐剤を入れるのも常識だったが、僕はそれにも従わなかった。防腐剤を使うようになったのは、大量生産とデリバリーを考慮した上でのことだろうが、フレッシュネスで使うバンズからは防腐剤を排除した。

みなさんにもお勧めしたいのだけれど、常識というものは常に疑ってみたほうがいい。僕の場合、よその真似をしても楽しくないから、誰もやっていなかったことをしたくなる性格だということもあるが、それだけではない。常識を疑うと新しいアイデアやヒントに気づくことが多いのだ。

常識という意味では、物件選びからしてはずれていたと思う。明らかに立地が悪い。どの駅からも遠く、住宅地のはずれにあって昼間でも歩いている人の姿はほとんどない場所だ。プロが一目見れば、こりゃダメだとわかる。でも、誰が何をやってもダメだ、と言われるからこそ、俄然やりたくなるのだ。

常識からはずれていることは、見方によっては武器だ。その武器をどう使うかを考えるのが一番楽しい。みなさんはそういうことって、ないですか？

メニューのレシピを固めるためには、とにかく作っては試食して問題を探り、また作っては試食。その繰り返しだった。

この時に、開発を阻む、意外なハードルがあることに気づいた。それは人間の胃袋にはサイズというものがあるということ。人間が食べられる量には自ずと限界がある。

もっと食べられればもっとレシピも早く固められるのに、だいたい二時間ほどでお腹が受け付けなくなる。もっともっと試作して、レシピを固めたいのに、これぱっかりは仕方がない。人間の胃袋は一つなんだな、ということをつくづく実感した。

これがきっかけになって、その後、僕は「胃袋一個理論」というものを打ち立てた。後ろの章で詳しく触れるが簡単に言うと、飲食店というのは人の胃袋のシェア争いなのだということだ。競合店とだけ競争しているのではなく、食を提供するすべての業態との戦いだということだ。それも始めてみなければ気づかなかった。やってみて初めてわかることは多い。だからまず始めてみる。そして大事なのは「自分一人で決める」ということなのだ。

「熱々オムレツで驚かせちゃお」がテーマ

店作りは結局のところ、新たな文化の創出であり、その文化を共有する空間作りだと思う。その文化に合わせて、お店のしつらえをどうするか、どんなメニューをそろえるかも決まってくる。

メニューそれぞれがおいしいことは絶対条件だが、同時にお店独自の「空気感」が重要になる。そのために重要なのがさまざまな「演出」だ。ハンバーガーを一個作るにも、そのお店独自の演出が必要だと僕は思っている。

フレッシュネスバーガーは、「新鮮」がキーワード。だから作りたてのおいしいハンバーガーを提供することが基本。

メニュー作りでもっとも工夫したのは、ベーコンオムレツバーガーだ。これはフレッシュネスバーガーの主軸の一つになると最初から期待していた。

イメージは、ビュッフェスタイルのホテルの朝食。カリカリのベーコンとオムレツが主役だ。ビュッフェスタイルのホテルの朝食で、コックさんが目の前で作ってくれる、あのスタイルを採り入れたかった。

お客様の目の前で卵を焼き、熱々の半熟をバンズに乗せてそこにベーコンを重ねて、「はい、どうぞ」という感じ。目の前でオムレツを作ってくれていると、なぜだか待っていてもイライラしない。プロのコックが料理する様は、見ているだけでも楽しいからだ。

そんな感じで、オーダーを受けて、お客様の目の前で、自分のハンバーガーができあがっていくところを見てもらう演出をしたかった。

テーマは、「火傷させて、お客様を驚かせちゃお！」だ。

作りたてのオムレツをそのまま乗せるんだから、そのままかじると口の中が火傷するほど熱い。でも、それで怒るお客様はいないはずだ。

「熱っ、ナニ、これ！」

と、ビックリしたお客様の声が店内に響く……なんてことを想像しながら試作を繰り返していた。

近隣の人たちは、夜になると灯りがついて、人が中でごそごそとやっているのを怪しく思ったようだ。隣のガソリンスタンドの人が、外から様子をうかがっていた。今思うと、かなり怪しいムードを漂わせていたと思う。

最終的に六つのハンバーガーとフライドポテト、二種類のサラダ、そして手作りケーキとクッキーを発案した。

ドリンクはコーヒーのほか一〇〇%フレッシュジュース。お客様の目の前で、フルーツを丸ごと絞って作ってみせる。フレッシュネスのコンセプト、新鮮、健康、安心を一目で見ていただく演出の一つだ。

その他に、コーラとセブンアップ、そしてハイネケンを加えた。アルコールがあるハンバーガーショップなんて、まだ日本にはなかった頃だ。

メニューも店の構えも、一九〇〇年代前半のアメリカの片田舎にあったようなカフェのイメージ。料理はレシピや素材の組み合わせを固めたくて、何度も試作品を作った。

ファーストフードと呼ばれるように、ハンバーガーを注文するお客様はてっとり早く、簡単に、快適に、安く、空腹を満たしたい人である。

本来はオーダーを受けて一から調理するような、時間のかかるやり方でお待たせしてしまうことも、熱くてバクバクとは食べられないメニューを出すことも、お客様にとっては利便性を損なうことになるのかもしれない。

でも、僕はあえてその利便性を追求しないお店にしたかった。どのハンバーガーショップにもない、熱々のハンバーガーを出すことが、この店の価値だと思っていた。

オープンキッチン（エンタテインメント型）で、目の前で調理する模様とラッピング技術を見てもらうこと。その目で、野菜の新鮮さや原材料の生かし方を見てもらうことで、手作りのよさ、新鮮さ、安心を感じてもらいたかった。

「安くて早くて手軽」で満足されていたお客様もいずれ、それ以上の付加価値を求める時が来るに違いない。

安心、安全、ナチュラルさ、さらには「食を味わう文化＋食を楽しむ」指向へと移っていくだろう。

目の前でベーコンやオムレツが焼ける音、香りを感じてもらえば、お客様はきっと待つ時間さえ楽しんでくれるに違いない。

そんな時間を大切にしてくれるお客様が集まる空間にしたいと思っていた。

これも、常識と反対を目指すことによって生まれる魅力だ。

そんなふうに、すべてが手探りの開発だった。

お店作りって、そんな簡単でいいの？

と驚くかもしれない。もっと綿密な業界研究があって、メニュー開発にしても専門家が数ヶ月、半年、一年もの歳月をかけて作るのが一般的なやり方かもしれない。

でも僕は、何度も言うけれど、時間をかけたからといっていいものができるとは限らないと思っている。

僕はお店の設計からメニューの開発まで、すべてのことを一人でやった。横で見ていると、いい加減に決めているように映るかもしれないが、ものごとを作るということは、そういうことだと思っている。少なくとも僕は。

始める前には予想もしなかった問題にぶち当たることの連続だ。しかし、それはけっしてつらいことじゃない。むしろどうすればその問題を解決できるのか、クイズの答えを探すような感覚で、楽しんでいた。

そこには理想のお店を完成させたいという思いと同時に、一五年間、ほっかほっか亭のチェーン展開に携わる中で、疑問に思ったことや思いついたアイデアをすべて試してみたいという思いもあった。

会社がある規模を超えて大きくなった時から、冒険ということができなくなる。失敗ということが許されなくなるからだ。

ほんのささいな試みも、失敗すれば数億円、数十億円の損失に繋がるのだから、むしろ当然のことだ。ただ失敗しないことを続けていくと、次第に会社の都合でものごとを考えるようになるものだ。次第にお客様不在の論議が会議室で交されるようになる。僕はもう一度、純粋にお客様に楽しんでもらえるお店を作りたかったのだ。

昼は会社役員、夜はハンバーガー屋の店長

起業すると、ありとあらゆることを一人でやらなければならない。会社の登記からお店の設計、仕入れの調達、メニューの開発、アルバイトの採用はもちろん、ゴミ出しから毎月の家賃の振り込みや材料費の支払い、店内の掃除に後片付け、設備機器のメンテナンスなどなど、数えきれないほどやることが出てくる。

独立した人の多くが、「脱サラして初めて会社にどれだけ守られてきたかを知った」と語るほど仕事の多さは想像をはるかに超える。創業した当初は一人で二〇役も三〇役もこなすつもりでいたほうがいい。創業社長というのは、それだけタフな仕事だ。

その後、会社が順調に大きくなれば、役は少しずつ減っていく。組織化というのは結局、創業者が「一人一役」で会社が回るようになるプロセスだということを、僕はほっかほっか亭の経験で知った。会社が大きくなればなるほど、

一人の仕事量は少なくなるのだ。

ほっかほっか亭の創業当時には、僕も一人で二〇役、三〇役をこなしていた。フランチャイズの希望者に会い、契約をまとめ、不動産を探し、その物件に合わせた店舗の設計を考え、内装工事の進行を管理し、オープンまでの一切を取り仕切る。それを同時に何十件も抱えながら、既存の各チェーン店には食材やPR用のグッズを提供。平行して定期的に新商品の開発を行ない、メニューを増やしていった。

それが組織が大きくなると、仕事が次第に少なくなり、ある日、突然、ぱたりとやるべき仕事がなくなってしまう。まるで嵐の中を航海していたかと思ったら、急に風がやみ、時間が間延びした状態になる。

九二年の師走、ほっかほっか亭のオフィスにいる僕は、ちょうどそんな「凪《なぎ》」の真っ只中にいた。毎日、予定は会議しかなかった。それまで全力で走ってきた僕としては、力を持て余していたと思う。

心の中にぽっかりと空洞ができたような毎日だった。ところが富ケ谷の物件と出会い、フレッシュネスバーガー構想が閃いた時、再び心にスイッチが入った。

昼間は決まった会議をこなしながらも、頭の片隅では夜、お店に行ってからのメニュー作りのことを思い、わくわくしていた。

連日、五時になるとそそくさと会社を出て、まだオープンしていないお店でレシピ作りに没頭した。が、そのうちに、うずうずしてきた。お店の契約をしたのが一二月の初旬だったから、年内はじっくり店作りをして、翌年からオープンするつもりだった。だが、一通りの要領がわかってくると、お店を開けたくて仕方がなくなってきたのだ。

準備は万全とは言えないが、「まあ、なんとかなるだろう」という思いがむくむくと湧き上がってくる。ただそれには問題が一つあった。僕が平日の日中はお店に入れないということだ。朝から夕方までの間、お店を誰に任せるか。それが問題だったのだ。夜になるとオープンするハンバーガー屋というのもあっていいが、それではフレッシュネスのコンセプトとは変わってきてしまう。

誰か昼間の時間帯の面倒を見てくれないかと思いを巡らした。そして、僕は意を決して、家内に頼んだのだ。

「あのさ、昼間、ハンバーガー屋、やってくれないかな?」

するとと家内は、あろうことか条件を出してきた。

「私の手作りケーキを置かせてくれるなら、やってもいいわよ」

彼女はほっかほっか亭の立ち上げの時には、ウナギを焼いてくれた。夫が始めることをまずは面白がって参加してくれる彼女の性格には、いつも助けられている。

ただ、自分のケーキを置け、という要求は予想もしていなかった。でもそれで家内が機嫌よく手伝ってくれるならそれに越したことはない。僕はその場で「OK!」と言った。

やがて家内はいまや定番商品となっているバナナケーキを発案し、売上げにもずいぶん貢献してくれた。その具体的な方法はあとで詳しく触れるが、兎にも角にも、平日の昼間、営業ができるメドが立ったのだ。オープンのための障害がなくなると、もう歯止めは利かない。年明けにオープンする予定だったが、我慢しきれず店を開けてしまった。それが九二年の一二月一六日のことだった。

突然のハンバーガーショップの出現に近隣の人は驚いたようだ。隣のガソリンスタンドの人は、どうも怪しい店だと、よく中を覗き込んできた。

そもそも店の前は人通りというものがないので、ひっそりとしている。その小屋のようなお店で僕はお客さんを待った。

たまにもの珍しさで入ってくる人もいた。オープンキッチンで調理の風景を楽しんでもらうはずだったが、オープン直後はまだまだ手際が悪くて、

「あなた、大丈夫なの？」

「もしかしてやったことないでしょう」

と心配され、冷や汗をかいたものだ。

僕が会社に行っている間は家内に店を任せ、午後五時過ぎから僕が交代。毎夜、深夜二時まで働いた。昼間は大会社の役員の顔だが、夜はエプロン姿で狭い厨房で気ぜわしく働くおじさん。「まだできないの？」とか、「ポテトが入ってないよ！」なんて文句を言われながら、「あ、ごめんなさい！」なんて、頭を下げていた。

僕は、松田優作が演じた映画『蘇る金狼』の主役みたいだなぁ、なんて悦に入っていた。店内に響くお客さんの笑い声や話し声を聞きながら、ハンバーガ

ーショップのオヤジでいることを心から楽しんでいた。

二足の草鞋《わらじ》で大変そうに見えるかもしれないが、その反対で、毎日がうきうきしていた。

会社が終わる五時になると一目散に会社を出た。予定が入りそうになっても、「ごめん、その夜、デートの約束があるから」などと冗談を言いながら、会社を出たものだ。今、思うと申し訳ない気持ちで一杯だ……。

店を開いてしばらくすると、お客様の中に「ここでバイトさせてくれませんか？」と自ら申し出てくれる女子学生が出てきた。

当初採用したのは三人。一人は近くに住む女子大生でお父さんが固い仕事をしているお嬢さん。一人は某有名政治家の姪。アルバイトは初めてで、社会勉強のつもりでアルバイトをしたいと言う。もう一人はそれとは対極の元ヤン女子高生。三者三様の個性が集まった。こうしてフレッシュネスバーガーは、僕と僕の家内、そしてアルバイト三人という体制で回り始めた。

店を成功させるために必要な「四格のバランス」

「お店を成功させるためには何が必要ですか？」

よくそんな質問を受ける。とても難しい質問だ。正しい答えがあるなら、僕がうかがいたいほどだ。当たり前のことで恐縮だが、お店を構成する要素はたくさんあって、それぞれに気を抜いてはいけないというのが大原則だと思う。どんなメニューをいつ、どんな価格帯で提供するのかといったことから、店舗の作り方、内装、看板、ＰＯＰから、アルバイト店員の服装、言葉づかい、接客態度、さらには品質管理、コスト管理等々考えなければならない要素はたくさんある。

たとえ同じチェーンのお店でも立地によって条件は変わるし、アルバイトの接客態度や店長の性格なども大きな影響があると思う。

お店を運営していくには数限りないチェックの項目があり、そのどれもが一定水準を越えていなければならない。あくまで自分の感覚だが、儲かるお店を作ることができる確率は、かなり低いと思う。僕自身、お店の成功法より大変さのほうがよくわかっている。店を成功させるというのは、まさに針の穴に糸を通すような作業だ。それほど集中して、入念に、細かくケアしない限り、まず成功などない世界だと日々、感じている。

ただ、三〇年間も飲食店業界に携わり、一〇を超える業態を作ってきた経験から、一つだけ指標にしているものがある。それが「四格のバランス」だ。四格とは、品格、価格、店格、人格のことだ。この四つの「格」のバランスを取ることが大切だと考えている。ちなみに「四格のバランス」とは、僕が勝手に考え、名づけた。少なくとも、この四つのバランスが悪い店は流行らないと僕は思っている。

フレッシュネスバーガーで僕は、消費者の中でもっとも尖っている層を狙った。マーケティング用語では「オピニオンリーダー」と呼ばれる層だ。

「マクドナルド卒業生がモスに行き、モス卒業生がFRESHNESSへ」

少々過激だが、これは創業間もない頃に、僕が考えたキャッチコピーだ。

値段の安さで選ぶ学生でもなく、味にこだわったセレブ向け高級バーガーでもない。フレッシュネスは成熟したオトナがくつろぐバーガー・カフェにしたかった。

食材にこだわった新鮮な手作りのハンバーガー（品格）と、他のチェーン店に比べた値段の高さ（価格）、お店全体のデザイン、しつらえ、ムード（店格）、そしてマニュアルのワンランク上を行く店員の接客・対応（人格）、四格それぞれを流行に敏感な客層に向けたバランスで構成した。

そのバランスとは品格を一〇〇とした場合、価格は九〇。つまり商品の質からすると、相場的に少し割安な価格で設定する。店格は、少し高めの設定で一二〇。さらに接客を意味する人格は一五〇ともっとも高くする。この一〇〇、九〇、一二〇、一五〇のバランスが、もっともお客様に喜んでいただける黄金率なのだ。これは僕の今までの経験で割り出したバランスであり、僕が業態を考える時は常にこのバランスを意識している。

メニューの一つ、サルサバーガーも、サルサだけを食べるとじつはものすごく辛い。子どもが食べると泣いてしまうかもしれない。これをメニューに加えるかどうかでかなり迷ったのだが、コピー通りのお店にするには、すべてのお客様を想定するわけにはいかない。切り捨てる部分も必要だろうと、あえて辛い味のバーガーを作ったのだ。

最初から客層を絞ったからか、オープンして間もなくは、ほとんど人が入ってこなかった。新しいもの好きがたまに珍しそうに入ってくるだけで、年末にかけての二週間は客足もほとんどなかった。それでも焦りはなかった。予定通りだ。こういう店は、認知されるまでに時間がかかると最初から思っていたからだ。

案の定、年が明けると、それまでがウソのように人が入り始めた。場所柄なのかもしれないが、人気タレントや歌手、俳優さんたちが連日のように来てくれるようになった。外国人のお客さんも多かった。想定通りの客層に浸透してきたことで僕はほっとしていた。

三ヶ月たった頃には、土、日曜日の売上げが一〇万円を超えるようになった。春になる頃には、売上げが月三〇〇万円を超えるようになり、話題の店になっていた。週末になると、店内に入り切れない人が、ドリンクを片手に店の前で談笑する情景が当たり前に見られるようになっていた。オーダーを受け取ってから作り始めるこのスタイルでお客様が増えれば、当然、待ってもらわなければならない。ときには三〇分も待ってもらうこともあったが、文句を言う人など誰もいなかった。

店の周囲に桜の花が咲き、春の日差しがお店を包む。そこに洒落た若者たちや外国人客が、急ぐでもなくハンバーガーを片手に笑顔で語りながら、ゆったりした時間を過ごす……。じつは、そんな情景に憧れてこの店を作った。それがわずか半年で実現したのだ。

ハンバーガーができるのを待つ間、会話を楽しんでいるお客様たちが、パーティに参加している人たちのように見えた。時おり外国語も聞こえてくるのをとても嬉しく思いながらパティを焼いていた。

そんなふうにしてオープンして半年がたつ頃には、お店は軌道に乗り始め、僕も家内も、そしてアルバイトの女の子たちも次第に仕事に慣れ、手際よくお客さんの注文に応えられるようになっていた。

ちょうどその頃のことだ。僕は厨房のガラス窓越しに見た、ある人物の顔をいまだに忘れることができない。

「あっ！」

厨房は創業当時から、周囲がガラス張りになっている。調理をしながら店の外と中の様子が見られるようにと、僕が設計した。だから外にいるお客さんと目が合うのは珍しいことではない。ただその顔見知りの姿を見た時、僕は一瞬、表情が凍ってしまった。

ほっかほっか亭をともに創業し、当時社長だった田渕道行氏だった。田渕氏の表情もガラス一枚隔てた向こうでこわばっていた。たまたまそこを通りかかっただけだったという。

田渕氏は怪訝な面持ちで店内に入ってきた。

「おまえ……何やってんの?」

僕は慌てて彼の背中を押して外に連れ出した。

「今度、詳しいことは話しますけど……」と言いながら、ごく簡単に状況を伝えた。

彼は一瞬、驚いたようだが、それ以上、深く聞くこともなく、

「オレはハンバーガーのことはわからないけど……大事にしろよ」

と、僕の肩をポンと叩いて、去っていったのだった。

たちまち完売、家内のバナナケーキの秘密

ものが売れるかどうかは、その商品の品質、味はもちろんなのだが、それよりも「売り方」が大事だ。今の時代、どんな飲食店も持ち帰りのお弁当でもおいしいのは当たり前。だから商品そのものの味や品質よりも、むしろどう売るかということで差がつく時代になっているのだ。

じつはそれを家内に教えられたことがあった。

前に触れたとおり、家内にはお店を手伝ってもらうかわりに、彼女の手作りのケーキを置いていいことにしていた。

彼女は日ごとにバリエーション豊かなケーキやクッキーを焼いては店内の棚に並べはじめていた。その中で、特に人気を博したのが、バナナケーキだ。

バナナケーキと言えば今やフレッシュネスバーガーの定番商品になっている。食べていただいたことのある人にはおわかりだと思うが、フレッシュネスのバナナケーキはバナナの果肉を生地にした本格的な手作りケーキになっている。

バナナエッセンスを使わず、生のフルーツを使っているから、手作りでなければ生まれないバナナ独特の風味と甘みを味わうことができるはずだ。

工場で加工している大手のケーキ屋さんや、ブランド菓子会社などではこの味は出せない。手作りだから大量生産がきかない分、工場で作ったものとは明らかに違う味が出ているのだ。

自慢のようで申し訳ないのだが、手作りだから一口食べてもらえば、「おっ！」と思っていただけるものになっている。

「新鮮」、「手作り」をモットーにするフレッシュネスバーガーにとっては、ぴったりで、作った当初から店の自慢のケーキの一つだった。

でも、それが売れたのには、ちょっとした工夫があった。なんでもそうなのだが、ただ棚に置いているだけではお客様には手に取ってもらえない。やはり売り方が大切になってくるのだが、その時の妻の売り方は秀逸だった。

焼き上がったケーキをオーブンから取り出すと、トレイに入った状態のまま厨房から持ち出し、お客様の前を通って店の奥の控え室に持っていくのだ。それで店内にはたちまちバナナの甘い香りが立ち込める。その香りに刺激されて、お客さんが言う。

「あれ、なんですか？」

「特製のバナナケーキが焼きあがったんですよ」

「じゃ、一つください？」

隣のお客さんがそう言うと、その隣のお客さんも、

「じゃあ、こちらは二つ」、「こっちも……」

と、たちまち店内のお客様からオーダーが入り、あっという間に焼いた分すべてを売り切ってしまう。

一度食べて気に入ってくれたお客様は、次からの来店時には必ずバナナケーキも一緒に注文してくれるようになる。そうして、バナナケーキを目当てにお店に来る人も増えていった。というわけで家内の売り方というのは、焼き上がったケーキを店の奥に移動させることだった。

ちょうど満席になった頃合を見計らって、

「ちょっと店の奥で冷ますから……」

なんてまことしやかな説明をしながら、さ～っと焼き上がったばかりのケー

キを持って店内を縦断していた。そのタイミングは絶妙だった。

ついでに言っておくと、お店ではかなり斬新なケーキも扱ったのだが、お客様はあまり馴染みのないものには飛びついてくれないことがわかった。

当初、妻は最先端のケーキ作りに挑戦していた。かなりセンスのいいカップケーキなども置いていたのだが、お客様の反応はいまひとつだった。

ところがチーズケーキやショートケーキなど、どこにでもありそうなケーキはそこそこ売れるのだ。お客様というのは、自分が思っていた以上に保守的だった。見たこともない食べ物には、意外に手が伸びない。買って失敗するのが嫌なのだ。

それに気づいてから、僕は家内に、他所の商品と比較されるものをあえて作ったほうがいいとアドバイスをした。

人は未知の味を知ってもあまり感動はしないが、他の店よりもおいしいものには感動するものなのだ。これはマーケティングや新商品開発をしていく上では重要な感覚なので、ぜひ覚えておいてほしい。

その点でバナナケーキは多くの人がその味を知っており、お客様に心理的な垣根がない。だから他店との「差」を出しやすいと僕は考えたのだった。

このように、商品を売るためには売り方と同時に、商品選びと商品開発にも戦略が必要だ。漠然とただ作っているだけでは、ものは売れない。

じつをいうと、妻は東京の呉服屋の生まれで、僕と同じように商店街で育った。家が商売をしていたからだろう、商売の感覚を持っていて、お客様の心の揺さぶり方も心得ていたようだ。ケーキの一件では、すっかり家内から学ぶことになった。

実際、家内から学ぶことは、意外に多いものだ。これは企画や開発に携わっている人なら誰もが実感することだと思う。実際のところ家庭の財布を握っているのは主婦の方々だから、彼女たちを摑むことはマーケティング上、とても重要になってくる。

それに女性は流行に敏感で、また商品やサービスを見る目も厳しい。しかもネットワークを持っているから、ある人が感じたり思いついたことは、三分後には何人、何十人という人たちに伝わる。情報を受け取った人がまた発信するから、一時間もしたら、東京中の感度の高い主婦たちが、すでに知っていることになる。

特にどこの店の何がおいしいといった情報は、たちどころに主婦の間で広まってしまうのだ。そういう意味では、世の中のマーケットを一番知っているのは、主婦層なのかもしれない。

その家内に平日の昼間はお店を任せ、僕は相変わらず、昼間はほっかほっか亭の役員室で過ごしていた。時々、会議に出ては消費者とはかけ離れた論議に参加していた。

しかし、富ケ谷のお店が順調に客数を伸ばしていたことで、いつまでも二足の草鞋を履くわけにはいかないと思うようにもなっていた。近いうちに、ほっかほっか亭を去ることになるかもしれない。そう予感し始めたのもこの頃だ。四一歳、大きな転機が訪れていた。

Chapter

2

素人だから
できることだってある

問題を楽しむと仕事も楽しくなる

栗原さんは、どうしてそんなにいつも楽しそうに仕事をしているんですか？
周囲の人によくそう聞かれる。たしかに僕は、毎日、仕事が楽しい。楽しくて仕方がないといってもいい。

ずっとそれが当たり前だったから、ふだんはそれを意識することもなかった。でもそんな質問が出てくるたび、仕事を楽しめていない人が世の中には多いのだということに、反対に気付かされる。

僕の場合、自分が楽しいと思うことを仕事にどんどん採り入れていくタイプだから、自然に仕事が楽しくなる、というのが一番の理由だ。でもこれだと当たり前すぎて答えになっていないかもしれない。

確かに仕事を進めていく間には、問題にもぶち当たるし、つらい思いや、残念な気持ちになることもたくさんある。それでも仕事を楽しむためにコツらしきものが一つだけある。それをここで紹介しよう。

先ほども言った通り、仕事をしている以上、必ず何かの問題にぶち当たるのだが、一言でいえば、その問題自体を楽しむこと。それが一番、手っ取り早くて、ブレないやり方だと僕は思う。

仕事のストレスを解消しに旅行に行ったり、温泉に行ったりと、遊ぶことで仕事のモチベーションを保つのもいいのだが、それだけだと自分の目先を変えているだけで、仕事そのものの質はまったく変わらないし、仕事自体の魅力も変わらない。

仕事を楽しくするには、まず起こっている問題にしっかりと向き合うことが大切だ。そしてその問題をどうすれば楽しめるかを考える。

こんなふうに言うと不謹慎かもしれないけれど、仕事上の問題も見方を変えればクイズとかジグソーパズル、詰め将棋と同じなのではないかと僕は思っている。とてもそんなふうには思えないという人も多いだろう。しかし、もう少し想像力を働かせてみてほしい。誰だって、考え方さえ変えれば楽しくなるのに、ほとんどの人が、「仕事で楽しむなんてことはできない」と思っている。

仕事上の問題を解決するのは疲れるし、面白くないと思っているのだ。でも少し発想を変えるだけでそれは楽しみに変わるかもしれないのだ。

いったいどうすればそんなことができるのか、フレッシュネスバーガー一号店に起こったささやかな問題を例に取り上げてみよう。

一号店をオープンしてから最初のクリスマス・イブに、ちょっと困ったことが起きた。アルバイトが全員、その日は休みたいと言い出したのだ。

有名政治家の姪っ子も、元ヤンの十代の娘も、お嬢さん育ちの女の子も、こぞって休むと言うのだ。よりによってクリスマス・イブに働きたくないよ、ということなのだろう。

まあ、十代の女の子のことだから、見栄もあるだろうし、イブに仕事をしている自分っていうのも、受け入れられないところがあるのだろう。

アルバイトなしで営業するのはちょっと無理だ。ただ、よく考えてみると、失礼ながら、僕の目には、三人ともボーイフレンドがいるようには見えなかったのだ。イブに彼とデートというのも、怪しいなと思っていた。

だから「みんな見栄はってんでしょ？　わかってるんだから、誰か出てよ」冗談っぽく言ったのだが、かえって反発を買ってしまった。

《まいったな》

一瞬、休業にすることも頭によぎったが、クリスマス・イブの日に店に明かりがついていないような店にしてはいけない、と僕は思ったのだ。

さて、みなさんなら、こういう場合、どうするだろうか？

他に助っ人を頼むか、やっぱり店を休むか……ほとんどの人がそのあたりの選択をするだろう。でもそれじゃ、あまり面白くない。問題が解決して、みんなが楽しめることって何だろう。僕はそう考える。

なぜ彼女たちが休むのか、もう一度、理由を探る。当然、クリスマス・イブを恋人と過ごしたいからだ、と言うだろう……。そこまで考えた時、一つ閃いた。

「ねえねえ、クリスマス・イブの日に、ケーキ教室やるよ！　彼のためにクリスマスケーキを作ってあげたらいいじゃない。ね？　だからみんな好きな素材を持って、お店に集合ってことでどう？　お友だちも呼んできていいから」

それを聞いた三人の目がキラリと光った。

「本当に教えてもらえるんですか？　まじ、焼いてもらえるんですか？」

食いついてきた。バイト代をもらってケーキ作りもできるのだから、女の子たちは喜んだ。結局、当日はバイト三人がそろった上に、その友だちも何人か参加してくれた。

そうして店は営業ができ、店内イベントとしても盛り上がり、さらに女の子たちも大喜びで働くことができたのだ。こうしてフレッシュネスバーガー初のクリスマス・イブの夜が、大盛況に終わったことが僕は嬉しかった。

これはほんの一例に過ぎないが、問題をこんなふうに解決すれば、自然に仕事は楽しくなるものだ。僕自身、ふだんからそんなことを考えているわけではないが、楽しもうと思っていればギリギリのところでぽっと、ユニークなアイデアも湧いてくる。要は、「問題そのものを楽しもう!」という気持ちが大切だということなのである。

だからみなさんも問題が起こったら、それは自分自身はもとより、周囲の人を楽しませるような素敵な演出やストーリーを作るきっかけだと思ってみてはどうか。

それこそが生きた「知恵」だと思う。若い人たちを見ていると、知識は豊富でも知恵を持った人が少ないように思う。本を読んで他人の効率のいい解決方法や効果的なやり方を学ぶのもいいが、たまにはクイズでも解くかのように楽しむこと。それも、できればみんなが感動するようなセンスのいい、素敵な解決策を考える。それが知恵を貯めることに繋がるのだと僕は思う。

そういう知恵は、遊びの中から生まれるものだ。僕はというと幼い頃からとにかくよく遊んだ。こうもりをどうやって捕まえるか。ザリガニを獲るにはどうすればいいのか。子どもが遊びを真剣に考えるのと、仕事上の問題を解決することとは、同じだと僕は思う。

仕事上で問題が起こったら、それを楽しむ方法を考える「お題」だと思えばいい。そういう習慣が身についた時、仕事を心から楽しめるようになると思うのだが、どうだろうか……。

決断の時は、いきなりやってくる

もし今、あなたが友人や知人から「一緒に独立しないか」と誘われたとしたら、どうするだろうか？　そんなこと、考えたこともない？　でも、人の運命は、予想もつかないことをきっかけに変わっていくものだ。たまには暇を見つけて、何かのチャンスを与えられた時のことや、それ以後の自分の未来をシミュレートしてみるのもいいと思う。

僕の経験から言うと、人生が大きく変わるチャンスが目の前に現われた時は、積極的に乗ってみることが大事だ。勇気がいることだが、それも人生や仕事を楽しむことに通じるんじゃないかと思う。

「おまえ、会社辞めてこいよ。一緒に弁当屋をやろう」

義兄の田渕道行氏から言われたその言葉で、僕の運命は大きく変わった。それはまるでノックもせずに、僕の運命のドアをこじ開けるかのような言葉だった。

それは住宅メーカーに就職したあと、長野に赴任し、ちょうど三年がたった頃だった。会社ではそれなりに仕事も認められていたし、地元の業者さんやお客様にも顔をおぼえてもらうまでになっていた。

田渕氏から会社に電話が入ったのはその頃だ。田渕と言われても、一瞬、誰かわからなかった。

「いったい何の用ですか？」

僕からの問いに、第一声で「会社を辞めてこいよ……」という、先ほどの言葉を投げかけてきた。僕は面喰らってしまった。とにかく数日後に知人の結婚式で東京に行くことになっていたので、その時に会おうということになった。

場所はたしかホテルニューオータニのカフェだ。

ネクタイにスーツ姿の僕の前に、角刈りにゲタ履きの田渕氏がいた。

当時、田渕氏は埼玉県の草加市で讃岐うどんの店を開業していた。見るからに、うどん屋のオヤジって感じのムードを漂わせていた。彼は会っていきなり、話が二つあるという。まず一つ目。「誰もやったことのない弁当屋をやろう。会社を辞めて、こっちに帰ってこいよ」。単刀直入だ。

もう一つは、「おまえの親父に会わせろ」ということだった。うちは実家が川越にあり、昔から商店街で楽器店を営んでいた。ヤマハのピアノを扱い、ピアノ教室もやっていた。彼はうちの親父に、そのヤマハのチェーン展開のしくみを教えてもらいたいと言う。すでに田淵氏の頭の中には弁当屋を始めることと、それをチェーン展開する構想ができあがっていたのだった。

持ち帰りの弁当屋がまだ世の中にない時代だったから、その発想に正直ビックリしてしまった。その後、二人で何時間も話した。

彼の言い分はじつに明瞭だった。店の営業は自分がやるから、僕に店を作ってくれ、と言うのだ。僕が住宅メーカーにいて、建築の仕事もしていたから誘っているのである。

「まだどうなるかわからない自分の夢に、他人の人生をよく巻き込めるよなぁ」

僕は、そのビジネスの可能性を考えるよりも、そちらに妙に感心していた気がする。

当時僕は一部上場企業に勤めていて、給料も高いしボーナスは年間一二ヶ月をもらっていた。大学の友だちの間でも一番の高給取りだった僕を、角刈りに下駄のオヤジが弁当屋を始めようと言って熱心に誘っている。僕は呆れていた。

田渕氏が弁当屋を思いたったきっかけは、彼がうどん屋の仕入れで出入りしていた築地市場で見たある光景だったという。食材を入れる麦稈《ばっかん》という発泡スチロール製の白い容器に温かいご飯が詰められて、そこから湯気が出ているのを眺めながら、「あんなふうに、おいしい米で炊いたほかほかごはんをお弁当にして安く提供できたら、お客さんは喜ぶだろうし、社会貢献にもなるんじゃないか」と閃いたのだという。

調理したての料理を詰めたお弁当を売る店があれば、買う人はたくさんいるはずだ。そう、自信満々で彼は話していた。「ほっかほっか亭」の名前は彼がすでに考えていた。

僕はその名を聞いて正直、吹き出した。田渕氏が言う。

「どうせ、今の会社にいても、所長にもなれないんだろう」

「いや、所長くらいにはなれると思うんだけど……」と心の中で突っ込みながら話を聞いていた。とはいえ社長になれる自信はまったくない。なにせ三年会社にいて、社長の顔を見たのは二度ほどに過ぎない。自分との距離に愕然とさせられる。ということは、一生かかってどこか地方の所長か……。そう思うと、少し息が詰まった。

「二五歳で先が見えちゃってるなんて、つまらないだろう」と田渕氏が見透かしたように話す。とりあえず一〇〇店を目標に、一緒に始めよう、と熱心に僕を誘ってくれた。

最初はバカバカしいと思って聞いていたのに、ずっと聞いていると次第にやれそうな気がしてくるのだ。

やがて二七歳の僕の気持ちは動いた。たしかに一生このまま勤め続けて、会社員として勤め上げるなんていう人生は自分らしくない。

田渕氏の目はギラギラしていた。あっという間に三時間が経過していた。

その頃には次第に「面白いからやってみようか」という考えに変わってきたのだ。

失敗して当たり前。失敗しなかったら大成功だ。そう思うと腹も据わってきた。

当時、すでに僕は結婚していて、子どももいたが、ここで決断しないと一生、変わらないかもしれないと思った。上場会社に入ってみてわかったのだが、人間の能力ってそんなに変わらない。どんなに優秀だと言われていた人も、いつかは追いつき、追い越せる。

独立も自分に向いているか、向いていないというより、やるかやらないかで決まる。そう思った時、僕は会社を辞めることを心の中で決意していたのだ。

東京から長野に戻った僕は、善光寺にお参りに行き、人生で初めて自分の行く末について仏様に拝んだ。あとで人から僕が拝んだほうは尼さんのお寺だと聞いて気が抜けたのだが……。振り返れば、つくづく人の運命はわからないものだ。

この時の決断があったからこそ、ほっかほっか亭が生まれ、やがてフレッシュネスバーガーが誕生した。でも、無謀に思えたあの誘いに乗ったことが、僕の人生を切り拓いたのは事実だ。運命を変えるにはリスクに目を奪われず、面白いと思ったほうに目を向けることだ。「決断の時」はいきなりやってくる。その時、手堅い人生を選ぶか。それとも面白さを優先するか。楽しい人生を送りたいなら、チャンスに乗っかってみることだ。

目標って、そんなに大切なの？

みなさんは、夢や目標を持って毎日を生きているだろうか？

夢や目標を持てば毎日の生き方が変わる。ひいては人生が変わると言われる。夢や目標をなるべく具体的にしなさい、と教えるビジネス書もよく見かける。毎日を無目的に生きるより、目的を持って具体的な努力をして生きるほうが充実した人生を送れるというのは確かにそうかもしれない。ただ、ちょっと気になるのは、それだと毎日が目標を達成するための努力に終始してしまうのではないか、ということだ。

何かを始める時、目標を達成しようと思って頑張るのもいいが、僕はどちらかというと、努力するより目の前のことを面白がったり楽しんでいたい。

フレッシュネスの創業時も、ほっかほっか亭の創業時も、有名会社の成功社長になりたいとか、これで一儲けしたいとか、そんな野心や目標はなかった。ほっかほっか亭の時は、ただ一〇〇店のチェーンを作ろう、という目安があっただけで、これまでになかったお弁当屋って面白そうだからやってみよう、というのが正直な気持ちだった。

開店したばかりのほっかほっか亭で、うちの家内も田渕氏の奥さんもみんなが面白がってウナギを焼いていた。

その弁当がお客さんに喜ばれて、店の前に列ができるのが単純に嬉しかったし、「チェーンをやらせてくれ」と、頼まれるとなおさら、「全国のみなさんにこの弁当を食べてもらおう！」と、意欲が湧いてきたものだ。

フレッシュネスの立ち上げも同じ。ハンバーガー屋をやることは、昔からの目標ではなく、ほんの偶然からだった。その時、たまたま理想の物件に出会い、たまたまハンバーガーショップをやったら楽しそうだと閃いたのがきっかけだ。

それから僕はお客様とじかに接しながら、「こんなお店があったらいいな」を形にしていくプロセスがたまらなく楽しかったし、家内もケーキ作りを堪能していた。アルバイトの女の子たちも、いわば遊び感覚だった。

僕はそれでいいんじゃないかと思っている。

第一、僕自身、ハンバーガー業界に革命を起こそうとか、ビジネス界でのし上がって行ってやろうとか、全国で一番有名な会社にしようなんていう、ありがちな野心はなかった。ただ自分が思い描く理想のお店を作って、お客様に気に入ってもらえたら楽しいだろう、というくらいのゆるい感じでやっていた。せっかく楽しみで始めたのだから、それが負担になったり、苦しみに変わるようなこともしたくない。好きで始めたのに、努力、努力の毎日で楽しめなくなってしまうのは悲しい。

だから頭に描いたプラン通りにことを運ぶことを第一に、努力するのが、それほど偉いと思えない。そんな思いからも、僕は人生で何か目標を持つ、ということは昔からなかった。

逆に、何でも先が見えると面白くなくなってしまう性分だから、目標を明確にしてしまうと、結末がわかってしまった推理小説を読んでいるようでつまらなくなってしまうのだ。独立して自分で事業を興すといったことも、真剣に考えていたわけではなかった。

偶然ほっかほっか亭の創業に参加することになっただけで、目標でもなんでもなかった。目標らしい目標というのは、ほっかほっか亭を立ち上げる時に、田渕氏とは「とにかく一〇〇店にするまで頑張ろう」と言い合ったことくらいだ。それもざっくりとしたもので、特に具体的な戦略もなければ、一〇〇店になった時の売上げ規模や社員数、組織の形など、シミュレーションらしきこともなかったと思う。

お店はオープンと同時に、お客様の支持をいただいた。そこからはもう怒濤の毎日だ。目標も何も、冷静に考えることもできないほど過密なスケジュールが待っていた。

朝、草加の一号店に集合して軽い打ち合わせをしたら、店を飛び出してフランチャイズの希望者と会う。一〇〇店を達成した頃も、まだ事務所がなかったから、毎日、近くの喫茶店で希望者と会っていた。

加盟料が三〇万円。ロイヤリティーが三万円。それにお店の物件を借りて改装するのに二五〇万円。それだけを受け取って契約書を交わす。

僕はそのお金を持ってすぐに不動産屋を回り、物件を見つけて契約。その間取りに合った設計図を起こして、リフォーム業者に依頼し、現場監督を務めた。

当時はまだ携帯電話がない時代で、ポケットベルを常に持っていた。

外を駆けずり回っていると、田渕氏が何度もポケベルを鳴らす。

すかさず公衆電話を探して店に電話すると、

「くりちゃん、〇三-△△△△-××××、〇〇さん。よろしく」

それだけ言って、電話が切れる。言われた番号に電話して待ち合わせ場所を決めて、すぐに会う。ろくに家に帰る時間もないほど、次から次へと希望者が現われた。

僕はクルマで移動していたが、誰にいくらもらって、どこの不動産屋にいくら払ったのかもわからなくなるほど忙しかった。しまいにはチョークで車内のガラスやダッシュボードにメモしていたら、まるでホームレスのねぐらのような状態になってしまった。

契約が決まった順に店を作る。かっぱ橋で厨房道具を片っ端から買って店を作っていった。体がいくつあっても足りない状態に陥り、建築と内装の専門部隊を作り、会社組織にして運営することにした（それが今のフレッシュネスの前身、アメリカンクリエーションだ）。

当時はもう毎日が嵐のように過ぎ去っていった。そして、一〇〇店という目標らしきものは一年も経たないうちに達成。あとは成すがままって感じだった。温かくて安くておいしいお弁当は瞬く間にお客様に受け入れられ、四年間で一〇〇〇店を達成。今、思っても異常なスピードだ。平均二時間の睡眠時間で、全国を飛び歩き、気づけば四年間で一〇〇〇店をオープンさせていた。「一〇〇〇店」という目標にこだわらなかったのがよかったのかもしれない。もしこだわっていたら、それ自体が「壁」になり、それ以上、大きくならなかったことだろう。

わかりきった結果のためにあくせく努力するよりも、予想もしないことが起きるほうが、毎日が楽しいと思うが、みなさんはいかがだろうか？　この森を抜けたら、どんな風景が目の前に広がるのかと、見えない将来に向けて冒険するようなやり方のほうがワクワクしないだろうか。僕は先が見えない生き方のほうがはるかに楽しい。

目標通りの結果を出せば、評価されやすいのかもしれない。しかしその目標は、ここまで来ればもういいという「壁」になる可能性もある。自分の限界を超えて、どこに行くかわからないスリルがあってこそ、仕事は楽しくなると思うのだ。

二店出すのも一〇〇店出すのも基本は同じ

日本には今、約一二〇〇ものFCチェーンがある。ただ、専門家の間では今後、一〇〇〇店を超えるようなチェーンは出てこないだろうと言われている。お客さんの指向が分散化してしまったからだ。特定の業態に老若男女が集うようなモデルはなくなっている。

それだけに、これからはいかに客層を絞り込み、そこに深く入っていくかといった戦略が求められる。とにかくもっとも大事なのは、一号店を成功させることだ。この成功モデルがなければ、チェーン展開などできない。

ただし、一号店が成功すれば簡単にチェーン展開できると思ったら、それも勘違いだ。

じつは一店だけを成功させるのは、それほど難しいことじゃない。語弊があるかもしれないが、少なくとも一店だけなら、店長の努力次第でなんとかなる。しかし二店目からはそれだけではなんともならなくなる。

食材の調達、そして物流（ロジスティックス）がガラリと変わるからだ。全店分の食材を仕入れ、それを配送するには、それなりの運送の体制が必要になる。

さらには店長やアルバイトなど、人材の管理の仕方もガラリと変わる。自分がその場にいて指揮を振るえば簡単だが、二店目以降は自分で現場を仕切ることはできない。オーナーがいないと、やはり店のムードは緩む。指示が届きにくくなる。

声を大きくすればいいかというと、そうではない。アルバイトたちのオーナーへの信頼感やお店を営業していくための責任感が育っていないと、いくら声を上げても人は言うことを聞かないものだ。ハンバーガーショップはアルバイトでもっているようなものだから、オーナーが彼らの心を摑まなければいい店にはならないのだ。

たまに来て、ガミガミ言うだけ言って、売上げを持っていくような人だと、「なんだよアイツ、カネだけ持って行きやがって」ということになる。

アルバイトがそんな思いで働いている店が繁盛するだろうか。

つまり二店目以降は人のマネジメントというハードルがかかると同時に、オーナー自身の人格が問われることになる。

人格に乏しい経営者は二店目を作っても必ず失敗するということだ。

さらに、お客様の心理にも大きな影響がある。一店だけの場合、そこに訪れるお客様は、流行にもっとも敏感な「オピニオンリーダー」の層に支持される。彼らはオープン間もなくから通ってくれて、いろいろ意見を言いながらお店作りに協力してくれる人たちで、それだけに、誰も知らない「私だけのお店」だと思っている。

彼らは二店目ができた途端、確実に背中を向ける。もう私だけの店ではなくなるからだ。

一店だけなら、その人が入ってきた時、名前を呼んで挨拶もするし、オーダーも「いつもの」で通用する。「私だけの店」とはそういう意味だ。しかし二店目ではそうはいかない。だから二店目ができた瞬間に、彼らはすーっと離れていく。

「私が育ててあげたのに、生意気な！」という思いもあるのだろう。

だからお店というのは二店目を出す時が一番悩む。逆にそれをクリアすると、あとは全部一緒といってもいいほど同じ感覚でやっていけるのだ。

フレッシュネスバーガーをオープンした時、じつをいうと頭の片隅にはチェーン展開も意識していた。一号店を見て、チェーンになることを想像した人はいないだろう。個人的な憧れや情熱だけで始めたようなお店だったが、店作りもレシピも、店の運営の仕方にも、後々のチェーン展開のための仕掛けを作っていた。

もちろん、富ケ谷のような店を展開していくことは最初から諦めていた。木造の平屋建てでお店にできるような物件など都内でそうそう出会えるものではないことはわかっていた。だから二軒目からは、ビルの中にあるビルトインタイプにすると決めていた。そのための店舗設計のイメージも頭にあったのだ。

一号店が成功するかどうかわからないのに、よくチェーン展開など考えられるものだと思うかもしれないが、これはほっかほっか亭時代に培った感覚だと思う。ほっかほっか亭の創業時も、一店も出していない時から、一〇〇店を意識したビジネスを考えていた。

始めてみると一〇〇店をはるかに超えて一〇〇〇店以上にまで広がった。

そんな急成長を経験したことからも、チェーン展開するために必要なことは自然に頭に思い浮かぶようになっていたのだ。

中でも一番、大事なことは、店舗運用の一切を標準化すること。標準化とは、その道のプロでなくても、誰もがマニュアルを見れば今日からできる、というレベルに作業を落とし込むということだ。お店の仕入れからメニューの作り方から接客の仕方、店の運営にいたるまで、アルバイトでも簡単にできるところまで作業を単純化してマニュアルにまとめることが必要なのだ。

だから僕は、メニュー作りに励んでいる時にも、すべてのレシピをマニュアルにしていたし、またマニュアルにできるような作り方を探しながらレシピを完成させた。

それは、一軒だけのお店にするか、二店目を考えるかで、まったく店作りの感覚が違うことを知っていたからだ。はっきり言って、二店出すのも一〇〇店出すのも同じ。一と二の間には、大きな壁がある。

細かく言えば、一〇~三〇店の間にも中くらいの壁はあるが、一と二を隔てる壁に比べれば大したことはない。その違いがわかっているからこそ、最初から二店目を考えたしくみを作っていたのだ。一号店は「象徴」でいいと割り切っていた。

ほっかほっか亭で学んだフランチャイズの手法をもっと改良した形で試してみたいという思いもあった。ほっかほっか亭に勤めながらも、いつかこのフレッシュネスバーガーを大きく育てたいという思いも心の底にあったと思う。

本当を言うと、楽して儲けるなら、二、三店で回していくのが一番だ。一〇〇店、一〇〇〇店と増やせば商品開発から人の管理、仕入れ、物流、マーケティング、情報システムとすべての面でマネージメントが大規模になり、仕事は大変になる。何よりも社会的責任が大きくなる。特に飲食に関する仕事は、今の時代、心労が絶えない。

しかし、だからといってただ儲かれば満足かというとそうではない。ほっかほっか亭でやり残したこと、できないことを試してみたかったのと同時に、新鮮で、安全で、手作りのハンバーガーを提供することで、お客さんの生活に喜びを増やしたいと思ったのだ。だからこそ、最初からチェーン展開を考えていた。

そうでなければわずか半年で二号店を開くことはできなかったはずだ。

会社の成長に合わせて社長を取り替える

一つの事業は生まれたと同時に四つの段階を順に追っていくことになる。①創業→②成長→③再構築→④再安定成長という流れだ。④の再安定成長期が終わると再び③に戻り、④にいたる。以後、③と④を繰り返しながら存続していくことになる。

それぞれの期間は業態によって一年ほどの短期間で推移するケースもあれば、五年、あるいは一〇年、三〇年といった長期のサイクルになることもある。難しいのは各プロセスごとに経営方針を変更しなければならないということだ。

「創業」時は、経営資源が何もないなかで新しいサービスや商品を市場に投入し、認知してもらわなければならない。すべてのことを一人で切り拓いていくバイタリティとともに、それまでの常識に背いてでも、自分がいいと思ったことならとことん貫く勇気や冒険心が求められる。

「成長」期には社内インフラの構築や人材の大量採用、ロジスティックスの確立など、スピーディに必要な体制と環境を整える即断即決のリーダーが必要となる。刻一刻と会社のあらゆるサイズが大きくなるなかで、必要なものを予測して用意する才覚が必要だ。

「安定」期に入るとそれまでの感覚とは一転する。なるべく波風を立てず、無駄を抑え効率のいい組織運営が求められる。

安定期に新規事業や大幅な改革をしていると、それまでの努力が水の泡になる可能性がある。落ち着きのない経営では社会的な信用も損なってしまう。リスクをとらず、より安全に着実に舵を取る性格の人が合っている。

さらに「再構築」、つまりリストラクチャリングの時には、冷静な判断と行動力のある経営者が必要だ。寿命を迎えた事業を諦め、不要な人材をそぎ落としながら、生き残りをかけて血を流してでも大手術を断行しなければならない。

というように、四つの時期に求められる感覚はそれぞれまったく種類の違うものだ。

これを一人でやるには「カメレオン」になるしかない。

本来は、それぞれの時期ごとに経営屋が交代したほうがいい、というのが僕の持論だ。

一つの建築物を建てる際の現場監督に例えるとわかりやすいかもしれない。一つの建造物を建てるという場合、以前は一人の監督が、土木から建築まで一貫して指揮していた。しかし最近では基礎工事は基礎工事専門の監督が現場を仕切り、建築になるとその分野専門の監督が来て指揮を執る。建物が完成したら、今度はメンテナンスや仕上げ専門の監督が来て……というふうに、一つの建造物を作るにしても各工程でスペシャリストが担当する、というスタイルに変わってきている。つまり基礎工事専門の監督は基礎工事だけを担当しながら、いろいろな現場を渡り歩いているのだ。

経営もそういうスタイルがいいのではないかと僕は思っている。経営の局面ごとに、最も相応しいタイプの経営者が舵取りをするのが理想だと思う。

基礎工事に向いている人は、基礎の上に立つ建築物の細かい工法のことには興味がないし、また全体の構造に詳しい人は、その後の部屋のしつらえにはあまり興味がないものだ。それと同じで、僕のように何もないところに新しい業態を立ち上げるのが好きなタイプは、安定期の会社で求められる人の管理や、組織の形で会議を続けることにはあまり興味が持てなかったりするわけだ。

創業者が簡単に経営の場から立ち去ることはあり得ないが、常に自分とは違う感覚を持つ人の意見を意識しながら進めているのは確かだ。

じつはこのことは社員にも当てはまると思っている。

他の社長にもよく聞くことだが、会社の時期によって必要な人材のタイプは違ってくるものだ。創業時には受け身な性格の人材ばかりでは困るし、組織にしがみつくような人間がいると足手まといになる。自分のアイデアや判断力で、どんどん可能性を切り拓いていくような人がいてほしいと思う。

しかし一定の規模になり、組織が安定してくると一転して、今後は社内ルールを順守し、組織の中で協調性を発揮しつつ、安定した結果を出せるタイプが必要となる。独創的な才能よりも秩序を重んじる空気が広がるのだ。

結局、同じ一つの会社であっても時期によって経営者の役割も違えば、求められる社員像も違うというのが僕の結論だ。

ではフレッシュネスの現状はどうか。

アメリカのサブプライムローン問題の影響や原油価格の高騰のあおりを受けて、日本市場にも景気の低迷感が漂っているが、おかげさまでフレッシュネスは、07年から08年にかけて好調な業績を収めている。創業以来、今がもっとも好調なのではないかと思う。ひとえにお店の方々そしてオーナーの皆様がたの努力の賜物であり、感謝しているところだ。

92年の創業当時から「新鮮さ」を売りにして、グリーンの看板を打ち出すなど、新鮮、清潔、安全といったイメージでブランドを作ってきたのが、ちょうど今、環境問題や食の問題に敏感になった世の中のムードと、マッチしてきたという実感を得ている。

フレッシュネスは今、「安定」期と言っていいだろう。冒険をするよりも、これまでの路線を踏襲しながら、不況の波にのまれないように舵取りをしていくことが必要だと思っている。

その戦略として、新たな店舗も次々にオープンしているのだが、お店はお店でオープンと同時にやはり四つのステップを踏んでいくことになる。創業時にはタフでバイタリティに富んだスタッフがいてほしい。

そういうタイプがどんどん活躍することで、店に活気をもたらし、お客様に気に入っていただく魅力ある店作りができる。

ただ気をつけなければならないのは、ある程度の期間が過ぎて安定した時のアルバイト同士の関係だ。「仲良しクラブ」になってはいけない。

創業時から主軸になって働いているスタッフたちは、相互に強い絆を築くことが多い。それがいいほうに機能して、互いに仕事をチェックしつつ、よい仕事ができるならそれに越したことはないが、残念ながら失敗を注意しない、お客様を待たせて厨房で話をしている。遅刻や早退が常態化するといった事態になることもある。これでは本物のチームとは言えない。

チームワークは自然に生まれにくい。だからこそオーナーの方は、よいチームワークが育つ環境を作ることが大切だ。オーナーはオーナーで、お店の時期に合わせた人材のマネジメントが求められているのだ。

FCはまず、お客様に喜ばれる業態ありき

「フランチャイズ（FC）ビジネスって儲かるんですか？」

よくそんなふうに質問されるのだが、その度に戸惑ってしまう。というのも僕はFCを本業だと思っていないからだ。僕にとってフランチャイズは店舗を増やすための一つの手法に過ぎない。

わかりやすく言うと、フランチャイズビジネスをしたくて、フレッシュネスバーガーを考えたわけではないということだ。

といってもフランチャイズについての理解がなければわかりにくいだろう。㈳日本フランチャイズチェーン協会がフランチャイズについて、以下のように定義している。

フランチャイズとは、事業者（「フランチャイザー」と呼ぶ）が他の事業者（「フランチャイジー」と呼ぶ）との間に契約を結び、自己の商標、サ

ービスマーク、トレード・ネームその他の営業の象徴となる標識、および経営のノウハウを用いて、同一のイメージのもとに商品の販売その他の事業を行う権利を与え、一方、フランチャイジーはその見返りとして一定の対価を支払い、事業に必要な資金を投下してフランチャイザーの指導および援助のもとに事業を行う両者の継続的関係をいう。㈳日本フランチャイズチェーン協会）

つまりフランチャイズビジネスは、フランチャイザーが開発したシステムやノウハウとともに、商標もしくはサービスマーク、チェーン名など、事業を運営する方法を提供する。フランチャイジーは、自己資金で本部が開発した商売の方法、ノウハウを使用して営業を行なう。そうしてお互いに利益を得ようとする、いわば「事業の共同体」である。

近年、フランチャイズビジネスを本業とする専門企業が登場したことで、もとの業態よりフランチャイズの手法が脚光を浴びたこともあったために、冒頭のような質問が出てくるのだろうと思う。

では、僕はどうなのかということだが、本書で何度も話してきた通り、最初はこんなお店があったらお客様に喜んでもらえるんじゃないか、という思いで店を作ったのが発端だった。その店が期待通りお客様から支持を得ることができ、いつしかお客様の中に「私にもやらせてくれないか」と相談に来られる人が出てきた。そのご要望にお応えするために、フランチャイズの手法を通じて店舗運営に関する一切のノウハウとシステムを提供するとともに、サポートを行なう体制を整えたということなのだ。

だから当社では、問い合わせには、ていねいに答えるが、こちらから積極的に働きかけて、加盟店を募集するということをしていない。ここのところがみなさんになかなか理解していただきにくいところなので慎重に説明したい。つまりビジネスである以上、利益を生むことは大前提なのだが、それ以上に大切なのは、何を目的に活動しているのかということだ。

経営者である僕が言うと理想論めいて聞こえるかもしれないが、お店を増やす第一の目的は、より多くの人にフレッシュネスバーガーの商品とサービスを提供したいという思いだ。この理念がなければ、店舗を増やす必要はないとさえ言えると思っている。

単純な話、僕自身の利益だけを考えるなら、流行っている店を数店だけ経営するにとどめておくのが一番、楽で儲かる。でも、せっかく喜んでいただいているこの店の空間をより多くの方に利用していただきたい、フレッシュネスが提供する新鮮で安心でヘルシーなハンバーガーを食べていただきたい、古きよきアメリカのムードの中で、ほっとできる時間を過ごしていただきたいという思いがあるからこそ、店舗を増やしたいと思うのだ。

つまりFCの原点とは、まずお客様に受け入れられ喜んでいただけるお店を作ることにある。僕にとっての本業とはここにあるのだ。FCはそれを全国に広げるための手法にすぎないというのは、そういうことだ。

ではなぜ、お店を増やすためにFCを採用したのか。一番の理由は直営店を一〇〇店単位で出せるような資金がなかったからである。これを説明するにはほっかほっか亭時代を少し振り返る必要がある。

FCとはもともとアメリカで生まれた手法で、今でこそ日本には一二〇六ものチェーンがあるそうだが（二〇〇九年度　JFAフランチャイズチェーン統計調査)、ほっかほっか亭を創業した七〇年代後半の頃はまだ日本にはあまり知られていなかった。

少ない資金でどうやって目標である一〇〇店舗を達成するかを研究する中で、たどりついたのがアメリカのフランチャイズだったのだが、日本にはなかったのでモデルとなるものがなかったのだ。暗中模索の中、手さぐりしながらこの手法を日本で最初に成功させた会社の一つが、ほっかほっか亭だったと密かに自負している。少なくとも日本には当時、一〇〇〇店のチェーンを作った人はいなかったから、自分たちで確立していくしかなかったのだ。

当時、ほっかほっか亭では加盟料三〇万円。ロイヤリティが月に三万円、店舗作りに二五〇万円を加盟者に負担してもらい、そのお金で一つずつ店を作っていった。一〇〇軒でも加盟料は三〇〇〇万円程度。実際問題、FCは儲からない。それでも懸命の努力で全国にお店を展開したのは、田渕氏も僕も、安くて温かくておいしいお弁当を全国の家庭や職場で食べられるようにしたいという思いがあったからだったと思う。

ただこれはお国柄ということなのだが、アメリカではノウハウや権利にお金を払うのは当然と考えるが、日本ではその習慣がない。ものには対価を払っても、形がないものにお金を払うことに抵抗感が強かった。フランチャイズのしくみと意義をわかってもらうのに随分、苦労した。だから、ほっかほっか亭時代に経験したさまざまな失敗をもとに「次はこうしよう！」と思っていたことをフレッシュネスでやってきたつもりだ。

フランチャイズで多店舗展開することのメリットはたくさんある。一つは短期間に一気に増やすことで、市場にブランドが認知されるということ。二つ目は、スケールメリットだ。店舗が増えれば仕入れの総数も増え、コストを下げることができる。同じメニューを作るにしても安価で提供できるようになり、利益率もアップする。

そして、なんといっても自分の提案する店舗、文化を世の中の多くの人に利用してもらえるという〝ロマン〟だ。FCというのはまず、お客様に喜ばれる業態ありきである。そのお店をより多くの人に利用してもらうことがさらに大きな喜びに繋がる。それがFCで多店舗展開する最大の理由なのである。

どんなところに行っても絶対〝嫌なヤツ〟はいる

みなさんの職場に〝嫌なヤツ〟はいるだろうか？

そう聞かれたら、誰でも一人や二人、顔が浮かんでくるはずだ。

保身で責任を部下に押し付けてくる上司、人を馬鹿にしたような態度を取る同僚、指示を無視してサボるばかりの部下……。

「あいつさえいなければ、もっと仕事がはかどるのに」とか、「あいつがいるばっかりにストレスが溜まってしかたがない！」などなど、思い出すだけでムカムカするなんてこともあるだろう。

では続けてもう一つ質問。

今、思い浮かべた〝嫌なヤツ〟に対して、あなたは、どんな対応をしていますか？

無視できるならそうしたいけれど、職場ではそうもいかない。だからなるべく一日、関わらずにいられるよう工夫をしている、という人が大半なのではないかと思う。

同僚なら、なるべく一緒に仕事はしないようにするとか、上司なら目を合わさないようにするとか、飲みに誘われた時の上手い断り方を研究したり、相手が部下なら仕事を頼まないようにするとか、ふだんから何かと予防線を張っているのではないだろうか。

さて、ここまで話を振っておいて申し訳ないけれど、残念なお知らせがあります！「今、コイツさえいなければ……」と思っている人がたとえあなたの職場から消えたとしても、必ず別の〝嫌なヤツ〟があなたの舞台に登場してくるのだ。

不思議なことには排除しても排除しても、必ず〝嫌なヤツ〟は現われる。やっといなくなったと安心していたら、それに輪をかけて〝嫌なヤツ〟がなぜか必ず登場してくるのだ。大学を卒業したあと、三〇年以上もビジネスの世界に身を置いてきて、どうやらこれは誰の身にも起こる「絶対法則」のようなものだと思うようになった。

大企業の中に入り、いきなり長野支社に配属されてから辞めて東京に帰ってくるまでの三年の間にも、同様の経験をしてきた。

たとえば最初の一年は、なぜだか設計部の部長に目の敵にされ、設計の技術者として配属されたにもかかわらずいきなり設計から外され、役所で確認申請の書類を通すために頭を下げる役に回された。

まあ、結果的にその仕事が自分に合っていたのか、役所の人たちと仲良くなり、それまででは考えられないスピードで認可が下りるようになったことが、社内で評価されてしまったのだが……。

二年目になると自ら希望して現場監督になり、上司のもとを離れた。現場の仕事を存分に学ぼうと思ったら、今度は土木業者の人たちにずいぶん、鍛えられることになった。

社会に出て一年足らずの人間が、この道、数十年のベテランに指示をするのだから、現場の大工や職人さんも面白くないわけだ。無理難題を押し付けられ、苦しめられたものだ。

僕が知らないことがわかっていてあれこれと質問される。僕が答えられないでいると、「会社に帰って聞いてこい」と言われる。片道、一時間の行程だ。

上司に聞いて、やっと帰ってきた頃には、すっかり工事は終わっていた、なんてことがしょっちゅうあった。要はちゃかされていたのだが、新人が受けなければならない洗礼のようなものだった。

さすがに会社を辞めて独立したら、嫌なヤツはいなくなるだろうと思ったら甘かった。会社も大きくなれば様々な人が入ってくる。その中には、必ず「コイツさえいなければ」と思うような人が登場するのだ。

その後、フレッシュネスを設立して僕は会社の代表になった。

「社長になれば、さすがに嫌なヤツはいなくなるだろう」と思っていたら、今度は社外に現われるようになった。競合各社、取引先の社長の中に、この人だけはちょっと……という人が出てくるのだ。

僕はその時にすべてを悟ったのだ。つまり〝嫌なヤツ〟はいくら排除しても、後から後から出てくるということを。自分が手を講じて排除したり、逃げたりなんかしたら、さらにレベルアップしたキャラクターが登場してくる。まるでゲームと同じだ。

それを悟った時、僕は人との付き合い方の極意を悟ったのだ。それをここでみなさんにもお伝えしたい。その極意とは、嫌なヤツと最初に仲良くなる、ということだ。

といってもべたべたするわけではない。一生懸命、その人の話を聞く、話をするということだ。いろいろな方法で相手のことを理解し、また理解してもらうように努める。このプロセスを省かないこと。最初の段階で苦手意識をなくせば、その人はもう自分にとってストレスではなくなる。

要は考え方の問題なのだが、あいつとは目も合わせたくない、話しかけられたらどうしよう、なんて思っているとそれだけでストレスだ。〝嫌なヤツ〟に一日中、意識が向いてしまうほどバカバカしいことはない。だったらまず仲良くなっておいて、ヘンに煩わされない関係になっておくというわけだ。これだけで毎日が随分、楽に暮らせるようになる。

騙されたと思って、一度、やってみてほしい。少なくとも挨拶や世間話ができるようになるだけで、気分は随分楽になるものだ。

それに関連してもう一つ。毎日の仕事を楽しくする方法をお教えしよう。

それは、一日の始まりを嫌なことから始めるということだ。

人間はどうしても嫌なことは後回しにしてしまいがちだ。特に朝一番は気持ちよく仕事を始めたいからと、一番、楽なことから始めてしまうが、これは間違い。嫌なことが残っていれば、常に心にひっかかる。そんな思いをしている時間は短いほうがいい。嫌なことを一番初めに解決すれば、残った時間は快適に過ごせる。

大手住宅メーカーにいた頃は、お詫びや謝罪が必要な時は、朝一番でやっていたものだ。あるいは叱られるに決まっている人の所に朝一番に行って話をしたり、電話を入れる。

朝一番に動くと、怒っていたはずの人も冷静に対応してくれたり、前向きに捉えてくれるという、プラスの効果があるようだ。朝という時間は何か、問題を解決する魔法があるのかもしれない。

やきもきしながら一日を過ごすのと、清々した気持ちで過ごすのとでは、長い年月の中で確実に成果が違ってくるし、人生そのものにも影響があるように思う。

フレッシュネス本部の始業は一〇時だが、僕は九時には会社に来る。そして朝一番で一番気がかりなことに手をつける。この鉄則を今も毎朝、実践している。

オリジナリティとは半分の人に嫌われること

ビジネスは一にも二にも、お客様のニーズを捉えることだと言われる。しかし、僕はどうもその考え方には疑問だ。

市場のニーズを摑むことはもちろん大切なことではあるが、それを主体にビジネスを考えていくと、最終的にはありきたりのものになってしまうからだ。ニーズに応えていこうと努力するのは、結果的に「みんなに来て欲しい」という発想でいるからだと思う。

「格差社会」の時代と言われ、人々の嗜好も分散している現在の市場は、むしろ個性の時代。僕自身がみんなと同じことが嫌だという性格でもあるが、みんなから受け入れられる店作りを目指しても、根本的に無理なのではないかと思うのだ。

だから万人にウケる発想より、「オリジナリティ」重視の発想が大切だと考えている。

といってもこのオリジナリティという言葉はとらえどころがなくて難しい。ことにフレッシュネスが採用しているフランチャイズというのは本質的なところで大勢の人に来てもらおう、多数を取り込もうという戦略だから、矛盾しているともいえるからだ。

フレッシュネスを立ち上げた時、僕は市場の動向に合わせるよりもむしろ、自分の主張を主体に店作りを考えた。その上で、こんな人たちに、こんなふうに利用してもらいたい、という店側の好みでブランドを創造してきた。そして、それに賛同してくれるファンを作っていこうという考え方で運営してきたのだ。

それは同時にうちの店を嫌いな人がいるなら、それでいいという割り切りでもあった。嫌いな人は徹底的に嫌いかもしれない。でも、好きな人は、徹底して好きになってくれる。それでいいんだ、という考え方だ。

「オリジナリティ」はお客様を増やすための戦略ではない。本当の意味は、「半分の人に嫌われる」ということだと僕は考えている。

オリジナリティを目指すなら、最初に半分の人を切り捨てる発想が必要なのだ。

フレッシュネスバーガーはそれまでの日本のハンバーガーチェーンにはなかった店作りを目指した。ただ「大人のためのハンバーガーショップ」を作りたいというコンセプトは当初から打ち出していた通りだ。オープンの時に掲げた「マクドナルドの卒業生がモスに行き、モスの卒業生がFRESHNESSへ」というキャッチコピーの通り、マーケット上の住み分けは明確に頭に描いていた。

価格も店のムードも、店員の対応も、そのコンセプトに合わせて構成している。

店舗作りで言うと、アメリカの家庭を思わせる木目調のキッチンテーブルや飾りつけと、オープンエア。よほどの悪天候でない限り、店の戸や窓を開け放している。

ハンバーガーも味と色がついたバンズと、作り置きせずにその場で手作りするスタイル。そして子どもには食べられない辛さのサルサバーガーを出しているのも、一つの割り切りだ。癖のあるメニューは、嫌がる人もいるかもしれないが、それが大好きだという人もいるはずだから、あえて尖ったメニューを用意した。

新鮮素材を使って、手作りで、安心なハンバーガーを提供する分、他のチェーンのハンバーガーより価格帯も高めだ。というように、店作りからメニュー、価格まですべてでオリジナリティを打ち出している。

ではこのオリジナリティが持つ本当の意味とは何か。その説明をするために前に少しふれた「胃袋一個理論」について説明したい。

一言で言うと、飲食店にとってライバルとは同じ業種の競合店だけではない、という話だ。外食産業にはファーストフード、ファミリーレストラン、居酒屋レストランなどの業態がある。通常、外食の店を考える時は、このマーケットの中でいかに競争に勝つかという視点で戦略を考えるのが一般的だ。しかし実際はそれほど単純ではないはずだ。

外食を考えずに、持ち帰り弁当屋やコンビニエンスストアで食事を買う人もいれば、スーパーマーケットや小売店で食材を買って家で料理をする、内食という選択もある。むしろ家で料理して食べる人の割合が一番多い。

ということは外食産業に勝っても、外食する人の割合が減れば、本当の意味で勝ったことにはならない。お客様がどこでどんなふうに食事をしたいと考えているか。そこから競争が始まっているのである。実際には人の胃袋のシェア争いなのだ。他店との比較ではなく、「〇〇という店の△△という料理（メニュー）を食べたいから外食しよう」というふうに思ってもらえるかどうかなのである。これが僕が言う、「胃袋一個理論」である。

これに付随してフレッシュネスでは「サードプレイス理論」という考え方も店舗運営のキーワードにしている。

「サードプレイス理論」とは、人の一日の時間の過ごし方を三つの場所に分類して店作りを考えようというものだ。

一般的な社会人にとって一日二四時間のうちだいたい一〇時間を自宅で過ごし（ファーストプレイス）、また一〇時間くらいをオフィスで過ごしている（セカンドプレイス）。この二つの場所だけで毎日約二〇時間を費やしているのだ。すると残りの四時間程度を自宅でもオフィスでもない空間で過ごすことになる。それがサードプレイスだ。

つまり外食産業は人の生活のうちの四時間を、いかに演出するかが問われているということなのだ。

お客様の視点で考えれば自宅と仕事場以外で過ごしたい場所はどこか、というチョイスなのだ。そう考えると、「食」を提供するすべての業種、業界が競争相手なのだ。

といっても、オリジナリティを追求していくということは、他店と比較なしでただ選んでもらうための戦略だ。当然、フレッシュネスがマクドナルドと価格競争をすることはない。広告戦略で対抗することもない。お客様にしても、マクドナルドとフレッシュネスバーガーとどちらにするか選択するシーンはあまりないと思っている。

あえて半分の人に嫌われて、「オリジナリティ」で勝負するということは、他との比較ではなく「これじゃなきゃ」と選ばれる魅力を備えるということだ。それが「オリジナリティ」の本当の意味であり、強みなのである。

仕事を早く覚える確実な方法

子どもの頃から働くことが好きで、小学生の頃には新聞配達をしたし、中学生になってからは花屋でアルバイトをしたり、ちょっとした縁があって三宅島の民宿で働いたりと、いろんな種類のアルバイトを経験した。

将来、自分が会社の経営をしようとは夢にも思っていなかった。実家が店を経営していたので、いつか自分で何かしら商売をしてみたいとは思っていたが、それもあまり具体的なものではなかった。

大学を卒業した時も、将来のことはあまり考えていなかった。周囲を見渡しても自分が将来何をしたいか、はっきりと話せる人は少なかったと思う。

就職先を決めるにしても、少ない選択肢の中から一番よさそうな会社を選ぶにすぎなかった。進路や就職先を真剣に考えて行動をしていた人は稀だったような気がする。それは今も変わっていないのではないか。いや、むしろ今のほうが選択肢が多い分だけ、なかなか進路を決めにくいのかもしれない。

長野県でサラリーマンをしていた時は、とにかく毎日、楽しく過ごすことしか考えていなかった。刺激が少ない土地柄で、楽しみを見つけることが仕事みたいなところもあった。実際問題、町なかの商店街で生まれ育った人間からすると、地方は人もいいしおだやかでのんびりはできるけど、自分には時間の流れ方がゆったりし過ぎていて不安になることも多かった。仕事が面白くなかったら退屈でたまらないから、とにかく仕事だけは楽しくなるように、必死になっていたように思う。

では、仕事を楽しくするとはいったいどういうことか。

単純に言ってしまえば、自分の興味のあることや得意なことを仕事にすることだ。人は自分が好きなことをしている時は楽しいと感じるし、興味がないことは退屈だったり苦痛になってくる。

とはいえどんな仕事が得意かなんて、やってみなければわからない。やったことがないことでも、いかに早く正確にできるようになるかという視点で挑戦してみると、いつの間にかその仕事が得意になるものだ。そして得意になると、自然に好きになるものだ。

だから誰でも一つの仕事が楽しくなるには時間がかかる。仕事を覚える期間が必要だからだ。好きだ嫌いだといっても、仕事を覚えなければ何も始まらない。

僕自身、会社に入って経験のないことばかりだったが、なるべく早く仕事を覚えたいとは思っていた。早く仕事を覚えて自分なりのスタイルを作ることができれば、きっと楽しくなるにちがいない。そう思って人よりも早く仕事を覚えようと努力した。

そんな僕の経験から言うと、仕事を覚える上でもっとも大事なコツは次のことに尽きる。

聞くは一時の恥、聞かざるは一生の恥

僕はわからないことがあると誰かれ構わず聞いた。質問攻めの幼稚園児みたいに、一から十まで根ほり葉ほり聞いていた。

ところが多くの人は、聞くということが苦手だ。それは聞いた時の相手の反

応が怖いというか、嫌だからだろう。

僕も質問するたびに「おまえ、そんなことも知らねーの?」と呆れられた。ひどい時は質問して叱られたこともあった。しかし、そこで懲りてはいけない。何を言われようと怯まないで、面倒がらないで聞くことがとても大事なのだ。

僕の経験からすると、聞く人と聞かない人とでは、一年くらいで仕事ぶりに差が出始める。なぜならよく聞く人は、それだけ新しいことを吸収する機会が多いからだ。聞かない人の倍速で仕事を覚えられる感覚だ。

気づいたら僕は半年くらいで組織の内部事情を把握していたし、仕事も一通り覚えたと思う。それだけ、社内で聞きまくった。

もちろんこれは性格にもよるかもしれない。

僕の場合、もともと学生時代から勉強などしていなかったから、プライドもないし世間で言われるほど聞くことに恥ずかしさは感じなかった。でも成績優秀でプライドの高い人は簡単に質問ができない。疑問があっても聞こうとしない。持ちかえって自分で調べればわかると思っている。ところが、宿題でもないことだから、実際には調べることはない。だから聞く人とそうでない人は、次第に差が付いてくるのだ。

運動と同じだ。初めから身体能力が高い人は、練習しなくてもやれるものだから、練習をさぼってしまう。しかし身体能力が優れていても、努力しなければやがてはコツコツと努力している人に抜かれてしまうものだ。

ゴルフがいい例だ。多少経験があってセンスがある人でも、油断して練習を怠っていれば、あとから始めた初心者にあっさりと破れてしまうものだ。

逆に初心者でも毎日コツコツと練習し、その間にいろいろな人のプレーを見たり、経験者に教えてもらっていれば、一年もすれば経験者を追い抜くこともできる。

仕事も同じだ。自分の要領のよさに安心していると、三年もすれば地味に努力している人に抜かれてしまう。それが世の中というものだ。

馬鹿にされるのが嫌で聞けない、という人が世の中には多い。笑われようものなら本気で傷ついたり、凹んだり、怒ってしまう。だから聞けない。

かといって自分で努力するかというと、そうでもない。ちょっと調べればわかりそうなことも、調べようとしない人が多い気がする。だからいつまでたっても力がつかない。

若い人たちに真剣に言いたい。もっと人に聞くということをしたほうがいい。今よりも数段、早く仕事を覚えられるようになるから。

仕事を覚えれば、周囲の人に頼りにされるし、仕事も今より数倍楽しくなるはずだ。

聞くことには副次的な効果もある。質問された先輩や上司は、「そんなことも知らねえのか」なんて嫌味を言いながらも、まんざらでもないのだ。質問されて嫌な人はいない。

もしあなたにも部下がいるなら、そのことがわかるはずだ。いろいろと質問してくる部下は、基本的に仕事熱心なのだ。こちらがアドバイスしたことを素直に聞いている姿を見ると、つい目をかけてしまうようになる。次第に先輩に可愛がられるようになるという意味でも、質問は大事なことなのである。

「一時の恥」をクリアしたことで受ける恩恵は意外に大きい。

「天職」とは探すものではなく出会うもの

最近では、天職というのは頭で考えるより生きていく中で出会うものだと考えるようになった。

若い人の中には職業を決めかねている人も多いようだが、あまり突き詰めないで余裕を持ったほうがいいと思う。人生を目いっぱい楽しんでいるうちに、どこかで出会い頭にやってくるものだ。

幸い僕は二十代後半で飲食業という天職に出会えた。それはとても幸せなことだと思う。みなさんもいつか、必ずこれという天職に出会うはずだ。その時まで損得抜きで目の前のことに没頭して、必死になって仕事を覚えること。それが必ずあとに繋がると思う。

今でこそ僕は社員を指導する立場にあるが、新社会人としてスタートした時から失敗の連続だった。大手住宅メーカーに設計士として入社し、長野支社に配属された初日にいきなり遅刻。これで決定的に上司の心象を損ねてしまう。

それが原因で設計の現場から外されてしまったのだ。

翌日からは建築確認申請書の申請係になった。丸一日、市役所に詰めて住宅を建てる際に必要な書類上の手続きの一切を手がける。誰もが嫌がる仕事だ。でもそれをつらいとは思わなかった。許可の流れを把握して、迅速に通す方法を見つけ、いつしか「栗原に書類を任せたら、認可が早く下りる」という噂も広がり、営業部からは随分、感謝されるようになった。そのうち大事な案件は直接、僕のところにくるようになり、いつしか営業マンと肩を並べてお客さんを訪問するまでになっていた。この頃から転んでもただでは起きない性格を発揮していたのだ。

その後は、これまで誰もが敬遠していた現場監督を自ら希望。僕は入社二年目にして設計士から現場監督へと前代未聞の転身を果たした。現場監督を希望したのは、せっかく一部上場企業にいるのだから、一流の会社の仕事をたくさん知りたいとの思いからだった。

組織に所属しているからといって、何も会社の都合だけで仕事を選ばなくてもいいはずだ。自分がしたい仕事を自分で選ぶ。社員には人事権はないが、持っていき方によっては自分でキャリアを選択することができるのだ。言ってみれば、自分の意志でOJT（オン・ザ・ジョブ・トレーニング）をしていたのだ。大手企業では今頃になって自分のキャリアを自分で決める制度が導入されるようになったが、僕は三〇年以上も前から自分で実践していたことになる。そのおかげで僕は家一軒を建てるためのすべての知識を身につけることができた。

この時の経験があったからこそ、ほっかほっか亭の店作りが可能になった。

設計の技術とともに土木・建築の知識を学び、さらに経営者としての数字的な感覚が同時に養われたことが、今の僕の〝武器〟になっている。今では「こんなお店があったらいいな」と思った時、お店の設計図を描きながら、同時にビジネスモデルを組み立てることができるようになった。設計図が完成する頃には、店長やバイトの人件費と商品の価格、流通と情報インフラ、さらにPR戦略と接客のセンスまで、複合的なプランができあがっているという、そんな仕事のスタイルを確立することができた。クリエイティブな仕事と経営を同時にできるという意味では、異色なのかもしれない。だからこそ、僕は新しい業態を興す作業は芸術だと思っている。

社員の中には、僕のことを経営者というよりクリエイターだと言う人も多い。僕自身、社長と呼ばれるといまだに違和感がある。設計という技術を持ち、土木・建築の知識と経験があるということが、僕の個性と密接に関わっていると思っている。

ところで僕がなぜ、設計の方向に進んだのか。本当のことを言うと笑われてしまうかもしれないが、製図用具がかっこよかったからだ。ドイツ製のT型定規やコンパスなどの製図道具の持つデザインのよさに憧れたのだ。設計の仕事がどんなものかも知らず、ただ用具のかっこよさに憧れたのである。

まるでいい加減な職業選択だったとは思うが、実際のところ仕事選びとはそんなものではないかと思っている。あまり堅苦しく考えないで、今、関心があることに没頭していれば、その延長線上に最適な仕事が見つかるものではないかと思うのだ。

僕は一流の建築家や設計士になりたいとは思わなかった。有名建築家の下で仕事をすることを誇りにしている友だちもいたが、僕は彼らをうらやましいとは思わなかった。

ほっかほっか亭では実践的な建築と店舗作りを学んだ。派手な色使いに粗い内装工事は、設計士の美的感覚からいうと首をひねる部分もあったが、本当に必要なデザイン、ビジネスとして求められる設計、施工のあり方を徹底的に叩き込まれた。

ほっかほっか亭が全国に一〇〇〇店を数えようかという頃、僕は一つの決断をした。設計は趣味でいい。飲食店の分野で新しい業態を興す、作品作りで生きていこうと決めたのだ。だから今、設計は芸術作品を作るような気持ちで手がけている。気づけば、今、手がけていることが自分にとっての天職だと気づくことは、じつは多いと思う。

それにしても今振り返れば、幼い頃からいろいろな職業に憧れてきた。

中学時代はプレスリーやビートルズに憧れた。まだエレキギターなど珍しい時代だったが、実家が楽器屋だったこともあり、小学時代からエレキギターにはまりバンドを結成。努力の甲斐あって第一回のヤマハのポプコンの全国大会に出場するところまで行った。

高校ではラグビーを始めたが、その時はその時でこれで食っていけるかを考えたものだ。しかしそれもすぐに自分に合っていないことがわかり断念した。

大学時代には友人に誘われたのが縁で、日本では珍しいボブスレーという競技を始めた。僕たちのチームは目立った成績を上げることができ、オリンピック出場のための強化チームに選ばれるところまで行ったのだ。その時もこの世界で何とかなるかもしれないと思っていたが、強化合宿の際に教官と揉めてしまい、あえなく断念してしまう。

人はさまざまな経験を経ながら、いつか自分に一番向いている仕事に出会うのではないかと思う。自分で探して摑みに行こうとしても、自分が思い描く将来像にはなかなか近づけないものだ。それよりも、ひょんなことからまったく予期しなかった分野に天職がみつかったりするものだ。

ただ、そんな出会いも単なる偶然というよりは、それまでのすべての体験の積み重ねの中でいつか天職というものに出会うのではないかと思うのだ。

だから、その時々の自分の思いや好き嫌いにかかわらず、すべての経験が貴重なのだと僕は思うのだ。

Chapter

3

僕が大切に
思っていること

「強み」を生かし、「弱み」を強みに変える

どんな分野でも成功する人は自分の「強み」がよくわかっていて、それをうまく生かしているものだ。まず自分の「武器」となるものを生かすことができなければ、お客様に支持をいただくことはできない。

ただし、もう一つ、重要な事実に気づくことがある。それは何かというと、今、自分の「強み」となっていることは、もともとは「弱み」だったケースが多いことだ。

僕がフレッシュネスを創業する時がまさにそうだった。

当時僕には、お金もない。経験もない。人もいない。まったくのないない尽くしでスタートした。できないことを数えればキリがない。

それでもお店が完成したのは、そんな状態の中でできることを探したからだ。

当時ハンバーガーショップと言えば、近代的な厨房システムで作られるものだった。カウンターにいる制服の女性が注文を聞き、裏側に据えられた大型の

機械で一度に二〇も三〇ものハンバーガーを量産してスピーディに安価で提供する、という店作りが当たり前だった。

しかし僕にはそんなに大きな設備を導入するお金もないし、そもそもあの物件でメガチェーンのような設備を導入してハンバーガーを量産しようとも思わなかった。

では、何も持たない自分にとっての武器とは何か。そう考えたとき、「手作り」しかなかった。そこで発想を逆転させた。「手作り」の良さを売りにしようと考えたのだ。フレッシュネスは、弱みから生まれたビジネスだったと言ってもいい。

フレッシュネスがオープンしたのはバブルの絶頂期の余韻が残る九二年のこと。ブランド志向で街には豪華、ゴージャスなサービスがあふれ、高級レストランは予約で一杯だった。その中でファーストフード業界は、取り残され苦戦していた時期だ。

「手作り」というのは、そんな浮かれた時代とまったく逆行するコンセプトだった。これを強みに変えるにはどうすればいいか。

手作りだから、おいしい。手作りだから、素朴。

手作りだから、優しい。手作りだから、新鮮。

これらすべての言葉を、「強み」に変えることを考えたのだ。

古い表現だが「ハイテク化」が進む中で、時代の気運と逆行することだけに、打ち出し方も難しい。最後はわかる人だけにわかってもらえばいいと割り切った。それがフレッシュネスの「オリジナリティ」である。

フレッシュネスの最初の店となるボロ家の内装工事を始める時、地面から伸びた草が、床の隙間から顔をのぞかせていたのを見て、僕は工務店の人に「この草、刈らずに生かしてもらえますか」とお願いした。フレッシュネスバーガー一号店は、オープンした日から、床に雑草が顔をのぞかせていたのだ。

店の外観もあえて古い店に見えるように、塗装も吹き付けではなく刷毛《はけ》でやってもらった。床の板材も屋根裏に使う、見栄えの悪い材料をあえて使ったのだった。まるで映画のセットを作るような店作りだった。

その物件が、誰が何をやってもダメと言われていたことも、自分のモチベーションを上げていた。その「弱み」を「強み」に変えたいと思った。都心にはあり得ない店を作ろうと考えたのだ。無理と言われると、俄然やりたくなるのだ。

あれから一五年あまりが過ぎ、今ではすっかり環境重視の社会になった。さらにここ数年来の「食」に対する危機的な事件の数々。食に関する事件や不祥事が連日のように報道されている。

そんな中、今、フレッシュネスバーガーはとても順調に業績を伸ばしている。どの店も前年比一〇六%以上の伸びで、創業以来一番好調と言っていいくらいだ。

バブルの余韻残る時代にあえて手作りのよさを前面に出し、新鮮、安全、安心、手作りをモットーに展開してきたフレッシュネスの文化が、ちょうど今の消費者の心にフィットしはじめたという、そんな手ごたえを感じている。

二〇〇〇年に販売を開始したハモンセラーノバーガーも、弱みを強みに変える商品だった。この商品を企画した時、フレッシュネスのコンセプトに相応しい商品ということで期待していた。ところが、スタートまであと二週間という時に、仕入れ担当者が顔色を変えて僕のもとに来た。

「ハモンセラーノバーガーに使う生ハムは、新鮮すぎて時間を置くと傷んでしまう可能性があります！」

新鮮ゆえに、傷みも早い。すなわちそれは、持ち帰りができないことを意味していた。持ち帰りができないハンバーガーとは前代未聞だ。

しかしすでに中止はできない。お叱りを覚悟でお客様に誠意を尽くして説明するしかなかった。ただその際に、ただ謝るだけではなく、弱みを強みに変えることができないものかと考えた。そして「この商品は新鮮素材を使用しているため、テイクアウトができません。新鮮なままをお店でお召し上がりください」というコピーとともに、お客様に誠意を持って承諾を得ることにしたのだ。

結果的に、テイクアウトできないほどの新鮮さをアピールするチャンスとなった。これもギリギリのところで、弱みを強みに転換できないかと考えて出てきた苦肉の策だった。

ではお客様の反応はどうだったか。お叱りどころか、発売直後からたちまち大人気となり、今では毎年、五月から始まる定番の季節メニューとなっている。

本来、強みとは自分では弱みと思っているものの中にあると僕は思っている。

自分の強みだと思っていることを、もう一度見直し、弱みを強みに変えようと思うと、それだけで新しい発想に出会うはずだ。

みなさんも毎日の業務をそんな発想で見直し、実行していけば、仕事のスタイルも変わってくるはずだ。そしていつの間にか、上司に一目置かれる存在になるはずだ。あなたがもし将来、独立を考えているなら、なおさらこの考え方が重要になるだろう。

強みを生かすことと同時に、弱みを強みに変えることができれば、ピンチの時にもやり方はたくさんあることに気づくはずだ。この視点を持つことができた時、人は本当に強くなれる。

苦境は見方を考えればチャンスとなる可能性を秘めている。

今、逆境の真っ只中にいるなら、それを強みにすることを考えてみてほしい。自然にそれができるようになった時、あなたは成功を手にすることになる。

仕事は真剣な遊び

こんなことを言うと不謹慎かもしれないけれど、僕は仕事を「真剣な遊び」だと思っている。

「面白いことをしたい」という思いが先にあって、やってみると結果が出てくる。結果が出ればなお面白くなってのめりこむ。それがビジネスに繋がるならなおいい。

それは魚釣りのようなものだ。魚が釣れればそれだけで楽しい。もっと釣るにはどうしたらいいのか。もっと釣れるポイントを見つけたり、食いつきのいい餌を探すようになる。一種のゲーム感覚だ。そのうち売るほど魚が釣れるようになって、それを市場に持って行ったらお金になった、というように、最初は遊びでも結果的にお金になってしまうという感覚に近い。

だから自分がのめりこんだことが、仕事として成立したなら、これほど楽しいことはないだろう。もしかしたらその感覚は、世の中の常識とは順番が逆なのかもしれない。本来はまず仕事ありきなのだろう。与えられた仕事をどう楽しめるかと考えるのがふつうなのかもしれない。

でも仕事がただ与えられるだけのものだったら、やっぱり面白くするにも限界がある。自分が何を面白いと感じるか。まずそれありきで仕事を考えたほうがいいと思うのだ。僕の場合、仕事は大きな意味で遊びだと考えている。だから面白いかどうかが最優先の基準だ。

フレッシュネスバーガーも、最初はとてもビジネスとは言えないものだった。儲けようというよりも、自分の芸術作品を作るつもりだった。そこでお客様が楽しんでくれたり、通ってくださるようになることだけをイメージして構想を打ち立てた。

そんな思いがかなって人気アイドルがデートする場にもなっていくのを喜んでいた。

ほっかほっか亭の時も同じだ。

リスクがどれほど大きいものかは理解していたが、それでも面白いことがしたかったというのが正直なところだ。お金はあとからついてくると思っていた。

何の準備も知識もなく独立したものだから、経済的につらくてびっくりしたものだ。会社員時代の収入にかかる税金を翌年に支払わなければならないなんてことも知らなかった。ほっかほっか亭を始めてからしばらくして、収入がほぼなくなってから所得税の請求が来て、目が飛び出そうになった。

税金を払う時になって初めて脱サラってきついなぁと思ったものだ。

しかし、それでもやっぱり自分で自分の行動を決めて、やりたいことをやっていく心地よさは他には代えられない。

ほっかほっか亭が急成長し、自分の手がけている事業が日ごとに発展していくのが楽しかった。「やっぱり仕事は遊びの王様だ!」と思った。

僕にとってはむしろ、純粋な遊びのほうがつまらない。休みにハワイに遊びに行った時も三日で飽きてしまう。ホテルにいてもつまらない。海があるからといって、遊ぶ気にもならない。まして買い物をしようとも思わない。すると自然に頭の中で、商売ネタばかり考えるようになる。サンデービーチでサーファー相手にケータリングサービスをやったら、儲かるだろうなぁなどと、ホテルのカフェで一人考えているのだ。

遊んでいるより商売をしていたほうがずっと面白い。子どもの頃からずっとそうだった。

実家がお店を営んでいたから、その影響なのかもしれない。

映画『ALWAYS 三丁目の夕日』の世界と同じ時代に育った僕は、お客様がお店に来て、あれこれと話したあと、お金を払っていく。そんな営みを幼い頃から眺めていた。子ども心にひと様にお金をいただくことに、憧れていたのかもしれない。

小学生になってすぐに新聞配達を始めたのも、働くことに興味があったからだ。

そして中学二年生から毎年、夏になると三宅島の海の家でアルバイトをしていた。たまたま中学の時に来た転校生の親戚が、三宅島の村長の家だったという縁である。きっかけはそれだけのことだったが、自然に触れることが楽しくてたまらず、結局、中二から大学を卒業するまで毎年、出かけて働いた。

自然を相手にしていたことが、今の僕に多大な影響を及ぼしていることはまぎれもない事実だ。コンピュータ技術が発展し、情報化が高度に進むバブル当時に、手作り、新鮮食材、自然をうたった店を作りたかったのも、多分にこういった生い立ちが影響していると思う。

近所の花屋さんでバイトもした。花屋はイメージよりも重労働で、水を替えるだけでも息が上がった。そこでも友だちと花束のデコレーションで競い合った。

自分の作った花束が売れるか、それとも友人の花束のほうが売れるか。ゲーム感覚でバイト代をかけて遊んでいた。

極めつけは、高校時代にやった焼き鳥屋台だ。今でこそ正月は元旦から開いているスーパーもあるが、当時の正月といえば、商店街も三日間きっちりと休んでいた。どこの家庭も大晦日の日には、まとまった買い物をしたものだ。

毎日おせち料理やお雑煮ではさすがに飽きる。それを見越してシャッターが閉まった商店街の店の前にテーブルを置いて、炭火で焼き鳥を焼いて売ったことがあった。

前の日の夜は、売れるかどうかドキドキしながら鳥を仕入れて仕込みをした。翌日、売り始めると、立ち込める匂いに吸い寄せられるように、お客様が集まってきた。正月料金で串一本一〇〇円の焼き鳥が飛ぶように売れた。

夢中で焼いて気づけば三日で一〇〇万円近い売上げになった。お客様に喜んでもらってお金もいただけるなんて、商売って面白いと興奮した。結局、その売上げから原価だけを残し、残りは近くの神社のお賽銭にしてしまったが……。

アイデアはいつ浮かんでくるかわからない。だから僕はいつもスケッチブックを持ち歩いている。頭に浮かんだアイデアを忘れないよう、その場で絵に描くのだ。

この商売の感覚はすべて幼い頃から経験で培ってきたものだ。僕のビジネス感覚は、本で仕入れた知識ではない。実践を積み、生の市場から学んできたものだ。現場で勉強をしてきたからこそ、身一つでなんでもやれる自信がある。

商売は心理学だ、と常々僕は言っているが、つまり商売とはお客様が想像もしていなかった商品やサービス、接客によってお客様の心を掴むということだ。

とはいえ僕は別に、勉強をしようと思って小さい頃からアルバイトや商売をしてきたわけじゃない。ただそれが面白かっただけ。

仕事はお金を得る手段だけれど、それだけじゃない。大きな括りで言えば、遊び。それも大人が真剣に打ち込む価値のある遊びだと僕は捉えている。

勉強させてくれて、お金までくれる会社は素晴らしい

僕は大学を卒業して就職した会社に、わずか三年しかいなかった。

今は新卒社員が三年以内に辞める確率が三分の一とも言われる時代だから、珍しくもないことかもしれない。だが、まだ終身雇用が当たり前だった当時、一部上場企業に入社して三年で辞めるような人間はめったにいなかった。

だから僕が辞めると言った時は、みんなが耳を疑った。

何があったのか話してみろ、と僕の上司。正直に「独立しようと思ってます」と言ったら、「本当の理由はなんだ？」と切り返された。まるで信じてくれない。

そこで、「親の家業を継ごうと思って……」と言うと、お前には兄貴がいるんじゃなかったのか」とまたも突っ込まれる。そんな感じで、理由なんて聞いてくれない。

ただ、それで気づいたことがある。会社に入る時に自分の経歴を偽ることは許されないが、辞める時は嘘をついても誰にも咎められないということだ。

この経験から、僕はよく社員にも「嘘をついていいのは退社する時だけ」と話している。実際に辞意を伝えてきた社員には「嘘をついていいんだからな」と言うことにしている。とはいえ、「本当の理由は何?」とつい、聞いてしまうのだが……。

ある上司に至っては、「今は有名企業の栗原だからみんな話をしてくれるんだ。肩書きがなくなったら、相手にもされないぞ」と脅しのような口調で引き止めてくれたのも、今ならわかるような気がする。

いよいよ本気で辞めるとなった時、ようやく直属の上司が「三年待ってやるから、戻りたくなったらいつでも戻って来い」と、真剣に言ってくれたのを思い出す。

三年間と上司が言ったのには理由がある。建築の様式や技術は常に進化している。常に勉強が必要な世界だから、三年間離れてしまったら、もう復帰するのは難しいからだ。

僕にすれば、たまたま田渕氏に誘われて、独立を思い立ったために辞めることを決意しただけで、会社に特に不満があったわけじゃなかった。

わずか三年間というけれど、僕は学べることはすべて学んだという実感もあった。成り行きだけで辞めたのではなく、もう十分だという思いもあった。

一部上場企業の仕事の仕方、人の管理の仕方、営業のしくみ、そしてそもそも会社という組織はどんなものなのか、ということを必死に学んだ。

自分の心のどこかで、いつか会社を辞める時が来ることを薄々は感じていたと思う。具体的なプランがあったわけではないが、自分が生涯、会社に居続ける性格ではないだろうという思いはあった。

それにしても会社というところは、学ぶ気さえあれば素晴らしい場所だとつくづく思う。仕事を教えてくれてお金までくれるのだ。それも、生きた知識と経験を授けてくれる。こんなにいい場所はない。だから会社には本当に感謝している。

今、会社が嫌で腐っている人がいるならアドバイスしたい。会社は、あなたに素晴らしい環境を与えてくれていることに気づいたほうがいいよと。

僕がよく引き合いに出す話だが、大学の建築科を出ても、建物を垂直に建てる方法すら知らなかった。同様に梁を水平に設置する方法も知らなかった。

垂直は糸に錘を垂らして測ればよくて、水平はホースに水を入れて、中に気泡を作れば気泡の位置で傾き加減がわかる。どんなに文明や建築技術が進もうと、垂直と水平は永遠不変にこれで測ってきたということを、僕は住宅メーカーの研修で初めて知ったのだ。

その住宅メーカーでは新人研修で、一棟の家を分解して組み立てる、という作業をチームでやらせるのだ。

この研修は本当に素晴らしいと、今も僕は思っている。家作りのすべてをこれで知ることができるからだ。全体像を俯瞰することができるというのは、ものごとの理解を容易にするということをこの研修で学んだ。

僕はその時の研修を心から楽しみながら、建築の本質を学ぶことができたのだ。

人はよく自分の会社の良しあしを口にするが、結局のところその結論は仕事が楽しめているかどうかで決まる。

どんな会社だって自分の仕事が楽しめていない人は、会社に不満を持つ。しかしそれは何のことはない。その人が仕事に前向きに取り組めていないということだ。

自分がどんな仕事をしたいのか、そのために何を学ばなければならないのか。それをはっきりと自覚していない証拠だ。

昔と違って今は仕事がはるかにしやすくなっている。僕が会社で仕事を覚えた三〇年前に比べて、今は一〇〇倍仕事がしやすくなっていると言っても過言じゃない。

当時はパソコンなんてないし、インターネットもメールもなかった。辛うじてコピー機やファクシミリがあるだけで、それも今のものに比べれば随分、性能が劣るものだった。

資料を探すだけでも一苦労だから、勉強するにも大変だったし、誰かに連絡を取るにもメールはおろか携帯電話さえなかった時代だ。

宅配便も今のように発達していなかったから、荷物を一つ出すだけでも大変な手間がかかった。

そこにいくと今は何をするにも手間がかからない。やる気さえあればあらゆる知識をインターネットを使って簡単に入手できる。便利な世の中になったものだと思う。

そんな環境があるだけで、ありがたいと思ってもいいのではないか。一人一台、パソコンが与えられるなんて、三〇年前に比べたら夢のようだ。

今の環境にありがたみを感じられるかどうか。そこが問われているということを言いたいのだ。あなたが今置かれている環境のありがたさに気づきさえすれば、それを利用していくらでも自分の知識や活動のフィールドを増やすことができるはずだ。

仕事が楽しくなれば、自然にお金もあとからついてくる。楽をして成果を上げる方法なんていくらでも考えられるはずだ。

いずれ独立したい、なんて考えを持っているならなおのこと、会社で学べる機会が与えられていることに感謝したほうがいい。

キャラを生かした仕事の仕方がいい

身長一七二センチ、細面にひげ、そしてちょっと変わった眼鏡。長身だけれど腰は低め。物腰も柔らかい（と思う）。そんなふうだから、ふだんもわりと社長に見られることが少ない。もともと社長然とした命令口調が苦手だ。

「～をしなさい！」

などという口のきき方は、僕の日常にはあり得ない。

気づけば社長室の女性にも「～してくれるかな？」なんて言い方をしている。実家の楽器店には女性の店員が多く、幼い頃から女性に囲まれて育ったから、おそらくその影響でこのような性格になったのだろうと思う。

経営会議の席でも「こうしよう！」なんて言い方はほとんどしない。「こうしたら？」「ああしたら？」と、つい提案口調になっている。そもそも人に命令するのが嫌いなのだ。

一般の社長像からはかけはなれているかもしれない。でも、僕はそれはそれでいいと思っている。経営者にとって社長らしいかどうかは重要ではないとどこかで思っている。それよりも、結果として経営がうまくいっているかどうかが問題なのだから。

仕事というものはその人らしいやり方でやればいいのではないか。世間の人は「らしさ」にこだわるけれど、それでは一番大切な「自分らしさ」を見失ってしまう気がする。

こういう考え方はフレッシュネスバーガーの店舗運営にも反映させている。各店舗のアルバイトの人たちも、働く人それぞれの個性を見てもらえるはずだ。

フレッシュネスが目指すのは、マニュアルを超えた接客、対応である。FCチェーンとしてはブランドを確立し守っていく上で、統一したマニュアルは重要だ。だから当社でも、挨拶の仕方から言葉づかいや服装にいたるまで、細かいマニュアルは用意している。

ただし一から十までマニュアルに沿って業務を遂行してくださいとは言わない。マニュアルを一度、把握したら、あとは自分の判断でもっとも自分が適切だと思う接客、対応を心がけてくださいとお願いしている。なぜならマニュアル重視の教育では、人はそこに書いてあることしかできなくなるからだ。

もともとマニュアルとは、ブランドを維持するための必要最低限のマナーやルールである。つまり、そこで働く人ならできて当たり前のことであって決してゴールではない。

本来、接客や対応のゴールは、商品やサービスを提供することでご来店いただいたお客様一人ひとりに、その店で過ごす時間と空間を十分に堪能していただき、満足していただくことだ。そしてもう一度、ここに来たいと思っていただくことにある。

マニュアルとはフレッシュネスらしい接客、対応、商品の品質を保つための最低限の方向性に過ぎない。お客様に本当に満足していただくためには、そこから各スタッフがいかにプラスアルファの価値を提供できるかにかかっている。

つまりフレッシュネスでは他のチェーンにはない、高レベルの接客対応を各店舗のスタッフにお願いしている。各店のオーナーの方々にも日ごろからそういった考え方にもとづいた教育をしていただくよう要望している。

その意味からも、各スタッフがプラスアルファの価値を創出するためなら、必ずしもマニュアルに細かく従わなくてもいいというのが基本的な僕の考えだ。

たとえば正規の制服はあるが、スタッフによって着こなしが違っていてもいいと言っている。上から下まで指定の制服でなくても、色や形が似ていて清潔なものなら、自分のお気に入りの服を混ぜても構わないことにしている。

また初めて来店されたお客様には「いらっしゃいませ」と挨拶をするが、二度目以降のお客様には「こんにちは」と挨拶をすること、となっている。しかし、お客様によっては馴れ馴れしい挨拶を好まないお客様もいる。その場合、お客様の表情でどちらがいいかを判断しなければならない。つまり、この項目の肝は言葉づかいではなく、お客様の顔を覚え、その人に合った接客をするホスピタリティであり、おもてなしの心なのである。

マニュアルを超えたプラスアルファの価値を生み出すということは結局のところ、その人個人が持っているよい面をどんどん発揮してもらうということだ。

↑

Open!

Invitation Card

笑顔がいい人は、その笑顔が価値になり、細かいことに気づく人は、お客様によりキメ細かいサービスができるという価値を持つ。また子どもが大好きな人は、泣いているベビーカーの赤ちゃんをお母さんに代わってあやすことができるかもしれない。

犬が好きな人は、ペットを連れて来たお客様のために、一番くつろげる席を用意してあげることができるだろう。それがマニュアルを超えた価値ということである。

僕は、住宅メーカーに入社して二年目で現場監督になった。自分で希望してのことだが、その時も別に現場監督らしくなんて考えなかった。

それまでの現場監督というのは一日中、職人さんを怒るのが仕事みたいに怒鳴ってばかりいた。僕はたとえ監督になっても、自分より年上の職人さんを怒鳴るなんてことはしたくなかったから、今と同じように腰を低くして「すみませんが、これ、やってくれませんか?」とお願いしていたものだ。案の定、当初はなめられてしまった。言うことを聞いてもらえない。ここでほとんどの人が「怒鳴る監督」に豹変してしまう。

しかし本来、物腰柔らかい人間が、いきなり「ふざけるな。さっさと仕事しろよ！」などと言ったら、修復できない壁ができてしまうのだ。

もちろん発注する側だから、別に命令していいし、時には怒鳴ってもいい立場であることはわかっている。しかし自分のキャラクターでそれをやってしまったら、のちのちまで、あとを引いてしまうことがわかっていた。だから相変わらず、頭を下げながら監督を続けたのだけれど、何を言われてもキレないで辛抱強くやっていたら、いつの頃からか僕の仕事の仕方が理解されるようになったのだ。

ひ弱な若造でも自分のやり方を貫けば現場監督はできる。だから自分を変える必要はまったくない。メジャーリーグの野球選手だって、ヤンキースの松井秀喜選手のようなロングヒッターもいれば、イチロー選手のような小さいヒットを誰よりもたくさん打つ人もいる。どちらも立派に大リーグの舞台で活躍している。いろいろなタイプがいていいのだ。大事なことは、自分の価値が発揮できるということだ。

自分の個性を生かすことは、その人が働く喜びに通じる。働くことが楽しくなる。働く人が楽しそうな店は、それだけで魅力になる。
あなたは自分のキャラクターを把握していますか？

アイデアは遊びから生まれる

アイデアというのは不思議なもので、準備期間がたっぷりある時にはなかなか思い浮かばない。これ以上、待てない、というギリギリの時に、ぽっと頭に閃くものだ。

フレッシュネスを考えた時も、特に前から準備していたわけではない。前述したようにすべては物件を見た瞬間、閃いたものだ。

僕が新しい業態を思いつく時はいつもそんな感じだ。これまで和食の定食屋「おはち」や立ち食い寿司の「魚がし日本一」、50年代のアメリカンダイナーをアレンジした「ワンズダイナー」といった新たな業態を興してきたが、どれもリサーチを重ね市場を分析して開発したというより、物件を見た時に自然にぽっと頭に浮かんできたものばかりだ。

それぞれのお店で出すメニューも、基本的にはすべて僕がアイデアを出している。それも業態のアイデアが出てきたと同時に頭から湧いて出てくるものだ。

アイデアはふつうに人と話をしている時にも湧いてくる。そういう場合は話しながら絵を描いて残すことにしている。絵にすると他人に説明しやすいからだ。

よく、アイデアは出しても形にするのが難しいという社長もいる。そういう場合、おそらくプランを他人にうまく説明できていないのだろう。そういう人はプランを絵にすることをお勧めしたい。絵にすれば、理屈ぬきで一瞬でどんなものかを共有できる。

イメージは絵にすることで、実現性が格段にアップするように思う。

さて、では肝心のアイデアはどうすれば出てくるようになるのかということだが、一番大事なことは、日ごろからよく遊ぶことだと思う。というとまた不謹慎なようだが、僕の場合、遊びで得た情報が確実にアイデアを生むためのデータベースになっていると思う。

子どもの頃を振り返っても、学校の勉強よりはるかに多くの知恵を遊びの中から得たものだ。ザリガニを獲るために、友だちどうしで研究した時のあの真剣さ。

セミ獲りに夢中になっていると、気づいたらあたりが暗くなっていた。あの集中力はすさまじいものだ。

そうやって真剣に遊んで身につけたことは、一生忘れることのない知恵になっている。

ちなみにみなさんはこうもりの捕まえ方を知っているだろうか？　靴でも手袋でもなんでもいいから、こうもりが飛んでいるあたりに物を投げる。するとエサと勘違いしたこうもりが、物が落下するのに合わせて地面すれすれまで下りてくる。

そこを友だちみんなで協力して、手ではたくのだ。友だち五、六人で何度もトライしたものだ。魚釣りにしてもセミ獲りにしても、自然の中で遊んでいると、アイデアはいくらでも思い浮かぶ。

今の若い人はそんな自然な遊びはしていないかもしれないが、代わりにゲームに夢中になっている時がそうなのかもしれない。

遊んでいると、もっと楽しく、もっと面白くするためにどうすればいいかと、何かしら知恵を働かせるようになるはずだ。

仕事も遊びの延長だ。ビジネスのアイデアも、基本的には遊びの中から出てくるものだろうと思う。遊びで得た知恵が多ければ多いほど、発想は豊かになると思う。つまり頭の中にどれだけの知恵を蓄積できるかということなのだろう。

二〇〇七年、日本で初めて『ミシュランガイド』が出版されたが、飲食に関わる人なら興味があるなしにかかわらず、そこに紹介されている店には足を運んでみることも必要だろう。それが蓄積になる。

僕自身も、話題になっている店はミシュランに載るような高級店にも出かけるし、回転寿司にも行くし、話題の蕎麦屋なども行ってみることにしている。行くと、へぇ、こんな店もあるんだ、なんて感心している。そんなこと一つひとつが経験として積み重なり、商品や業態開発をしようという時にアイデアとして出てくるみたいだ。

もし、最近アイデアが生まれなくなったなと嘆いている人は、遊びが足りていないのかもしれない。三年ほど前、僕もそれを痛感したことがあった。

会社が忙しくて一年ほど満足に遊んでいなかった時期があったのだ。すると頭が枯渇してしまったかのように、ぱったりとアイデアが出なくなった。ギリギリまで追い込まれたら必ず出てくる、と思っていたのに、いくら自分を追い込んでも何のアイデアも出てこない。さすがにその時ばかりは焦った。

へんな言い方だが、まるで魔法が解けてしまったような、悲しい気分になった。

困り果てて広告代理店に勤務している友人に相談したら、「栗原さん、最近、遊んでないでしょう?」と指摘された。まさか、そんなことが……と半信半疑だったのだが、その人に連れられるままに遊びに出かけたのだ。

彼はそれから毎夜、東京の最先端の店に僕を連れて行ってくれた。一晩に三、四軒は飲み歩いたと思う。

「カフェってコーヒー飲むとこじゃないの?」なんて言ったら、「何言ってるんですか、今はカフェといったらお酒を飲むところですよ」なんて笑われながら。

鉄工所のような鉄の扉を開けると夜中に若者たちが集っている怪しいカフェや、プライベート焼肉だとか知る人ぞ知る隠れ家バーとか合コンテーブルのある店や、キャバレーでもクラブでもない、新たな業態の店などにも足を運んだ。

そうして夜な夜な先端スポットで遊んでいたら、ちょうど一週間くらいたった時、まるで憑き物が落ちたように、以前の感覚が戻ってきたのだ。

お店のしつらえやグラス、お客さんの会話などから、どんどんビジネスのアイデアが湧いて出てくる。

その時、「ああ、遊びって大事なんだなぁ」と、感心してしまったのだ。

「遊び」にはおカネも体力も時間も必要だが、アイデアを生むにはそれらの投資が欠かせない。ちょっと怠っていると、世の中がわからなくなり、やがてアイデアが枯渇してしまう。

それともう一つ。アイデアを出すために、毎日、やっていることを最後に紹介しておこう。それは何かと言うと、毎日、寝る前に三本の映画を観ているということだ。気になる映画をTSUTAYAで借りてきて、三倍速で観ている。ストーリーを追うよりも、そこに出てくる建物やお店の内装、ポスターのデザインなどを気にしながら観ているのだ。

それも遊びの一環なのだが、アイデアを生むためのデータベースの蓄積になっていると思う。映画から得る情報は多い。楽しみながら勉強できる方法なので、みなさんにもお勧めだ。

やっぱり「人を喜ばせたい」が原点だ

フレッシュネスでは一〇項目のミッションを掲げている。

一、店舗、商品、STAFFは、常に「FRESH」であること
二、店長とは、お客様の食事のひとときを「演出」する仕事であること
三、STAFFは、プロデューサー&ナレッジワーカーであること
四、地域社会と共生し、自然環境にやさしいこと
五、店舗は、お客様に接することのできる最高のステージであること
六、ハート［心］&サイエンス［科学］の経営であること
七、尊敬と威厳を持ち、働きやすい環境をつくること
八、異国文化の受入ができること
九、店舗以外のスタッフは、店舗とお客様のサポートセンターであること
一〇、ロマンの共有をしている全ての人たちのために、継続的利益が必要であ

ること

すべて僕が考えたものだ。中でも、

「店長とは、お客様の食事のひとときを『演出』する仕事であること」

「店舗は、お客様に接することのできる最高のステージであること」

「店舗以外のスタッフは、店舗とお客様のサポートセンターであること」

という、三つの重要な項目が含まれているのがおわかりになるはずだ。

ここには僕の仕事に対するポリシーが盛り込まれている。

飲食業に限らずサービス業はお客様に喜んでいただくことがすべての原点であり、目的だ。

もし、仕事に行き詰まったり楽しめなくなってしまった時は、ここに立ち返ると必要なことに気づく。

人に喜んでもらえることを考えている間は、仕事の方向を見失うことはないと僕は考えている。

おもてなしの心こそ、すべての仕事の原点であり、すべてのサービスの源泉だ。フレッシュネスでは「心からのおもてなし」を、FRESH基本の三つの柱として掲げている。

もしも今、仕事が面白くないと感じている人は、もしかしたら仕事の本当の面白さを誤解しているのかもしれない。

僕は本書の中で、繰り返し、仕事は面白くなければならないと言っている。僕が言う面白さとは、自分が楽しめれば他はどうでもいいというものではない。むしろその正反対だ。

他人を喜ばせることが僕にとっての面白さなのである。

どうすれば人が喜ぶかを考えるとワクワクしてくる。思惑通りに喜んでくれた時に、一番幸せを感じるのだ。

そのアイデアが発展してビジネスになるなら、これほど嬉しいことはない。それが僕の、仕事を楽しむということだ。

反面、僕はどうも自分を喜ばそうとしてくださる場は好きになれない。性格の問題かもしれないが、人に何かしてもらうのを喜べない性質なのだ。

それよりも喜ばせようとして何かを企んでいるほうが楽しい。

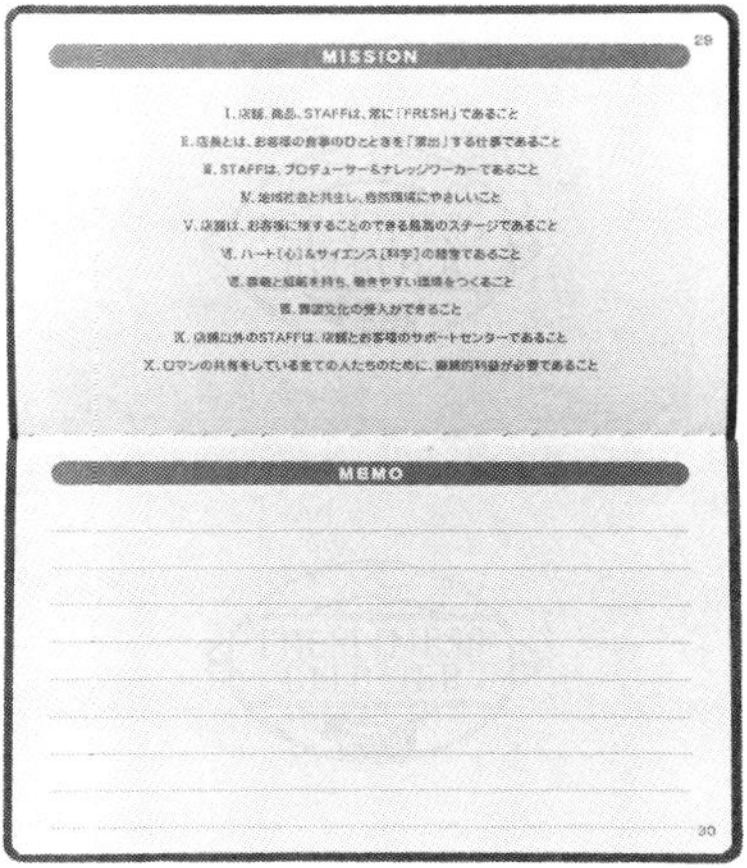

Staff Passport

ホスピタリティとは、簡単に言うとお客様一人ひとりを覚えることだ。いつも朝一番に来てくれるＯＬの女性が、必ずテリヤキバーガーを頼むとわかっていれば、すぐに渡してあげられるように、オープンと同時にその人のメニューを用意しておく。話しかけることはないが、これだけでも十分にホスピタリティあふれる仕事になっていると思う。

昼過ぎにパソコンを持ってくるスーツのサラリーマンの方は、一人の時間を楽しみにしているようだから、そっとしておこう。夕方、犬を連れてくるお年寄りが来た時には、犬に水をあげよう……。

フレッシュネスを気に入ってくれて生活に組み込んでくれている人を、ちゃんと覚えて、その人をもてなす気持ちを持つことが、ホスピタリティだ。

そこには「人に喜んでもらう」喜びを知り、何をしたら喜んでもらえるかを考える想像力が求められる。僕は、日常的にそんな想像をすることが大好きなのだ。

お店を離れたところでも、僕はこの感覚で人と接してしまう。

以前、僕は取引先の社長さんたちを相手に「クラビングツアー」なるものを企画したことがあった。一晩で何軒のクラブに行くことができるか、というチャレンジ企画だ。

いったい何のために？　と思う人もいるかもしれないが、当時、安心して遊べる場所を教えてくれと頼まれることが多かった。最初は紙に地図を書いて、六本木あたりの高級クラブを何軒か紹介していたのだが、地図だけではたどり着けない人もいて、仕方がないので、一度、僕が案内しましょうということになった。

しかし、ただ飲みに行っても面白くないですよね、ということになった。そこで僕のいたずら心が騒ぎ、だったら……ということでこの企画になったのだ。「どの店も一座り三万円です。僕は案内はしますが払いは自前でお願いしますよ。いいですね」と念を押すと、いいというので夕方六時くらいからスタートした。

一つの店に座ったと思ったら、もう次の店に予約を入れて「さあ、行きますよ」って感じで移動。結局、その夜は一六軒をはしごしたと思う。それが僕の今日までの記録。名づけてクラビングツアー。こんなふうに、ついつい人を喜ばせるのに全力を使ってしまうクセがある。

人に喜んでもらえると、自分も嬉しくなる。それが仕事の原点なのではないか。

じつは人を楽しませることにこそ、知恵は働かせるべきだと僕は思っている。もし読者の中に、仕事の意味を見出せなくなったりした人がいたら、難しいことは忘れてまず、目の前にいる人を喜ばせてみることだ。

そこが社内なら、上司や部下に何をしたら喜ぶか考えてみてほしい。

そこがお店なら、お客様をもっと喜ばせる企画を考えてみよう。

考えたことを実践してみて目の前の人が笑ってくれたり、お礼を言ってもらえたら、ほんの少しだけでも働く意味に気づくはずだ。

ひと様に喜んでもらいたい。それがすべての仕事の原点だと僕は信じている。

少数精鋭のプロデューサー集団をめざす

お客様の中には、フレッシュネスバーガーのことをアメリカのFCチェーンだと思い込んでいる方も少なくないようだ。

もちろんまったくの誤解で、当社は米国系企業のノウハウを提供してもらったこともなければ、業務提携を結んだこともない。僕のそれまでの仕事の集大成であり、〝作品〟という位置づけで、たった一人で、一から作ったお店であって、純然たる日本企業である。

ただ、僕自身がアメリカの文化やフードビジネスから多大な影響を受けていることは確かだ。日本がまだ貧しかった頃に生まれ、高度成長期とともに育った人間にとってアメリカは憧れだった。

アメリカの映画に出てくるカフェやレストラン、ダンスホールなど、さまざまなお店に憧れを抱いたし、そこで遊ぶ若者たちや大人たちのファッションやスタイルなどを見て、かっこいいなと思った。

ビジネスの分野でも、アメリカの慣習や業態から学んできた。アメリカで流行ったものが、何年か遅れて日本で流行るという、そんな時代だった。だからビジネスを学びたかったら、アメリカを訪問するのが一番だった。

ほっかほっか亭時代には毎年、視察旅行に訪れてはさまざまなお店を観察した。

訪れた先では食事やドリンクを味わったり、製造工程を見学するのがメインの目的だが、僕は一人、設計士の観点で建築の様式を見たり、店の小物や照明のデザイン、看板やポスターを必死に写真に収めていた。そんなことを何年も続けてくる中でアメリカの文化全般に対する、尊敬や羨望のまなざしは強かったと思う。

それ以外にもアメリカのファッション、映画、音楽などのポップカルチャーに慣れ親しんできた。それだけに僕がアウトプットする企画や構想にその影響は色濃くあると思う。

そもそもフランチャイズという手法も、アメリカで生まれたものだし、フレッシュネスバーガーの構想が頭に浮かんだ時も、昔、観たアメリカ映画にあったお店やアメリカで訪れたハンバーガーショップのイメージがもとになっていたのだ。

そういったことがすべて合わさって、フレッシュネスバーガーは本当のアメリカのチェーンよりも、アメリカ的なムードが演出されているのかもしれない。アメリカのチェーンだと誤解するお客様が多いのも頷けるのだ。

しかし、これは日本人の僕が、自分の考えをもとに作ったオリジナルの業態だ。組織も僕の考えで作っている。

フレッシュネスの組織は、少数精鋭主義だ。最小限の人数で効率的に運営するための体制を整えている。

そのためアウトソーシングを積極的に活用しているほか、各店舗のあらゆる情報を本部で一元管理できるコンピュータシステムを駆使している。給与計算もアウトソーシングをしている。商品開発の担当者も一人しかいない。

自前のロジスティックスも持たず、ものの輸送は大手商社にお任せしている。

原材料に関する店舗からの問い合わせにも、二人のスタッフで対応している。

二〇一一年八月現在、フレッシュネスバーガーの店舗数は、日本国内および香港、シンガポールなどアジア諸国を含めて一八四店ある。それらを統合、管理しサポートする本部スタッフはわずか三〇人程度だ。

店内のポスターやチラシなどの販促ツールや、マドラーやカップといった一つひとつのアイテムも、基本となるデザイン以外は外注している。デザイナーやコピーライター、マーケッターなど、いわゆるクリエイターと呼ばれる職種の人は一人も社内にはいない。

我々は店舗で扱うものは小物一つでもそのデザイン性にこだわっているが、クリエイティブ部門は社内に置いていない。意外だとよく言われるが、僕の経験からも社内にクリエイターは置かないことにしている。

クリエイティビティで勝負する人は、会社の中に囲んでしまうと〝死んでしまう〟からだ。どんな分野にしてもその世界でナンバーワンになるには、日々のたゆまぬ努力が不可欠だ。会社勤めではなかなか、感性を磨いたり刺激を受けたりする仕事や日常を作ることが難しい。僕も、建築士の資格を持っているのに、いまだに看板を出せないのは、それだけ没頭して建築の勉強をすることができないからだ。

だからクリエイターを採用するのではなく、クリエイターとのパイプを持ってプロデュースをしてくれる人が一人いてくれればいいのだ。

また商品部も、他社は野菜担当、パティ担当などと、食材の種類によって細かく分かれているかもしれない。しかしフレッシュネスではプロデューサー一人とその部下二人だけで二〇〇店を超える拠点への食材の供給をまかなっている。

先ほどもふれたとおり、物流はすべて大手商社にお任せしている。全国の倉庫から夜中の間に必要な食材を一斉に配送するしくみになっている。

会社の規模が小さいからこそ、重要な部分を大手企業にお願いすることが大切なのだ。

中小企業が少ない資本で体制を作っても、しょせん大手企業にはかなわない。だったら大企業の持つ機能や設備を存分に活用させていただいたほうが、楽な上に高レベルの体制を実現することができるのだ。

現在、日本には様々な専門企業があるから、どんな分野だろうと優秀なアウトソーシング先があるものだ。だから今は効率経営がやりやすい。

海外ではそうはいかない。アウトソーシング先がないのだ。日本はそれが可能なのだから、それをフル活用すべきだと考えている。

店舗開発も同じだ。当社には開発担当は三人しかいない。彼らは外部の専門家と一緒に開発を進めている。情報システムに関しても、各店舗のリアルタイムの売上げ、仕入れの発注から配送、スタッフの勤務状況まで本部のコンピュータで一元管理できる。これがあれば各店舗の情報を管理する人間も一人で構わないのだ。

こうした体制をとることにより、わずか三〇人で一八四店舗を運営管理しているのだ。

今後、この会社がどんなふうに発展しようと、この人数でやっていける自信がある。

経営とは人数を減らしていかにいいパフォーマンスができるかを考える仕事だ。

少数精鋭のプロデューサー集団を目指す。これが僕の行きついたフレッシュネスの理想なのだ。

ハート［心］＆サイエンス［科学］の経営

現在、フレッシュネスはフレッシュネスバーガーのほか、六本木ヒルズ内に通常のフレッシュネスバーガーとはイメージを変えたカフェ、「フレッシュネスカフェ」（ライブラリーカフェ）をオープンしているほか、50年代のアメリカンダイナーをアレンジした「ワンズダイナー」といった業態を展開している。

これらの新業態は、すべて僕の発案によるものだ。ほっかほっか亭時代には、立ち食い寿司の「魚がし日本一」を手掛けたが、これも設計プランは僕の作品だ。

「どうすればヒットするお店を作ることができるんですか？」

よくそんな質問をされる。僕は基本的に既存業態のリメイクという観点で新たな店舗を考えることが多い。業態リメイクというのは言わば後出しジャンケンで、絶対に成功するとわかっている業態をより良くするだけだから、成功する可能性は高いというメリットがある。意外に手堅い商売なのだ。そもそもフレッシュネスバーガーもハンバーガーショップのリメイクだし、その他の業態も、世の中になかったような新しい業態ではなく既存の業態のリメイクだ。

業態のプランを考える時は、店舗の設計や内装、設備と同時にお店の名前やロゴのデザイン、もっというと店員の制服のイメージまで、ビジュアルイメージがまず浮かんでくる。これは学生時代に建築を学んできた影響だと思う。ただそれと同時に一日の客数と客単価から割り出す人員の配置、価格、接客のレベル、FLコストの割合までもが瞬時に頭に浮かんでくる。店舗の設計ができる頃には、店の経営計画まででできあがっている状態だ。既存の業態のリメイクには、クリエイティブな感覚と経営センスの共存が不可欠だが、僕はそれを実践で磨いてきた。

プランの内容自体は極めて思いつきに近いのだが、闇雲にアイデアが湧いてくるわけではない。僕が何かの業態を手がける時は、アメリカにあるオーソドックスなマーケティング理論に基づいて考えていることが多い。

60年代末にボストン コンサルティング グループ（BCG）がGE（ゼネラル・エレクトリック）など事業再編を進める大企業に提唱した理論で、プロダクト・

ポートフォリオマネジメント（PPM）と呼ばれているものだ。

さまざまな商品・サービス、事業は「問題児」→「花形製品（スター）」→「金のなる木」→「負け犬」という四つのサイクルを辿るというものだ。

もとは自社の商品群を外部的な要因（市場や産業の成長性、魅力度）と内部的な要因（自社の優位性、競争力・潜在力）の二つの視点で分類して、それぞれの製品や事業ごとに拡大、維持、縮小、撤退を決定するための理論なのだが、今では製品や事業、業態のライフサイクルの変遷を示すマーケティング理論としても定着している。

「問題児」とは、その商品や事業の導入期から成長期にあたる。市場の成長に対して投資が不足している状態で、積極的な投資か、あるいは撤退するかを考えなければならない。

「花形商品」は成長期にあたり、競争力や利益は高いものの投資が必要な段階で、キャッシュは残らないが、事業が飛躍的に成長する段階だ。

「金のなる木」とは、その商品や事業の成熟期で、投資なくして売上げが上がり、潤沢なキャッシュが入ってくる段階。

「負け犬」は衰退期で、市場成長率もシェアも低く利益が出ない段階。撤退を考える時期だ。

一つのサイクルは一年という短期間で終わるかもしれないし、業態によっては一〇年、三〇年という長期間にわたる場合もあるが、基本的には一つの業態はこの四つのプロセスを経て、一つの生命を終えると言われている。

僕が得意としているのは「負け犬」の段階に入った業態をリメイクして、再び花形、そして金のなる木にすること、つまり業態のリメイクである。

市場のシェアを失い競争力もなくした「負け犬」の段階で問題や課題、障害を分析。商品を見直したり、店舗のコンセプトを変えることによって再び「問題児」→「花形商品」→「金のなる木」と成長させることだ。ここまでさまざまな業態が市場に誕生している現代では、これまでになかったような業態を作るのは難しい。だから既存の業態を進化させ、今の市場の形に合ったアレンジを施して市場に投入するのが業態のリメイクである。

ヒットする店を作れるかどうかは、今、その店のサイクルがどこにあるのかを正確に把握し、問題を解決する新たなアイデアを盛り込むことができるかどうかで決まる。

ビジネスの基本は人を喜ばせることに喜びを感じる感性、つまり「おもてなし」の心にあると書いたが、それと並んで大事なのは、このような「理論」だ。フレッシュネスではこれを「ハート［心］＆サイエンス［科学］の経営」と呼んでいる。

実際に僕が業態を考える時は三つのパターンのいずれかで行っている。一つは物件を見た時のイメージから入るパターン、二つ目はどんな商品を扱いたいのか、商品から入るパターン、そして三つ目はたとえば「カラオケショップをやってみたい」といった、既存の業態から発想するパターンだ。基本的にこの三つの入り方しかない。

世の中の飲食店経営者の多くは、三つのうちのどれかで閃いたそのアイデアをもとに経営を行っているのではないかと思う。

ただ僕が事業を始めた頃の日本の飲食業界は、オーナーの勘を頼りに店舗が作られるケースが大半で、そこに科学的な根拠はなかった。だから理論に基づく店舗開発、店舗展開を考えていけば、勝てるのではないかと思っていた。

ただ理論はあくまで理論。それを自分なりに解釈し、アレンジして活用することが重要だ。先のPPM理論の四つのサイクルにしても、60年代はワンサイクルの期間が長かったが、今は消費者の嗜好が分散し変化も速い。いけそうだ、と思った業態は、スピーディに立ち上げる。

僕の場合、構想ができあがってそれでいこうと決めたら、四〇日以内で立ち上げることを一つの目安にしている。これだけ市場の変化が速い今の時代には、業態リメイクのニーズはますます高まっていくはずだ。僕も少しずつ力を入れていきたいとも思っている。

今、僕の頭の中にはいくつものリメイク案がある。それはファミリーレストランの新しいスタイルだったり、古き良き喫茶店の文化を継承する、古くて新しい喫茶店の形だったり、町の蕎麦屋の新しい形や新しいパンのデリバリー事業だったりと、いろんなプランを進めている。毎日、いろんな刺激を受けながら、リメイク案を考えている状態だ。市場と経営戦略のタイミングを見計らって、いつか実現したいと思っている。

仕事は自分の意志で決める

フランチャイズ展開をするにあたって、フレッシュネスではこだわっていることがいくつかある。

その一つが物件は必ず、本部が探すということだ。店を作るにあたってもっとも大事なのは、立地と店内のレイアウトだ。この基本的なところを間違っていると、その後、営業努力を重ねても限界がある。それを素人である加盟者に任せるのは難しい。だから物件を選び、お店の構えと設備を作るところまで、本部が責任を持ってやるべきだと思っている。最近ではＦＣチェーンも増え、その手法も高度化している。ＦＣを起こす専門企業も登場したが、中には物件選びを加盟者の責任でやらせている企業もあるようだ。しかし、それはいかがなものか……と僕は思っている。

二つ目は食材を本部が提供するということ。これはスケールメリットで仕入れの価格を抑えられるということと、食品一つひとつを本部が管理することの重要性と二つの意味がある。特に、フレッシュネスの場合は、栗かぼちゃを混ぜたバンズや有機栽培のコーヒーなど特製の食材が多いので、本部が一括して管理し各店に提供することが重要になる。

食品の管理は味の統一や衛生上の問題など、商品の本質の保持に関わる重要な問題なので、本部の管理が必要なのだ。

そして、三つ目は過剰な加盟店募集はしないということ。店舗を増やすことはビジネスの成長を考える上で欠かせないことだが、大事なことはフレッシュネスのポリシーや文化に共感していただけるオーナーに加盟していただくことだからだ。

本部と加盟店ではそれぞれ役割は違うが、両方合わせて一つの共同体である。ただ儲かるかもしれないという理由で始めていただくのは、お互いにとって不利益になることが多い。

店が成功するかどうかは、その人の意気込みとか心の姿勢に関わるところが大きい。受け身で始めてもうまくいかないのだ。

他人からの誘いに乗って始めた人は、ぎりぎりのところで他人のせいにしたくなる。それが人情というものだ。しかし、そのぎりぎりのところで結果に差が出ることを、僕はこれまでたくさん見てきた。

考えてみてほしいのだが、車や時計を買う時、パンフレットや他人からの勧めだけでぽんと買う人はいないだろう。

自分が大事にしているものなら、必ず実物を見にいくはずだ。車なら運転席に座ったり、試乗するだろうし、時計なら実際に手に取り、腕にはめてみるだろう。

ところが趣味よりも大事な仕事であってもこれをやらない人がいるのだ。

フレッシュネスを知らないで、ただ若者に人気だからというだけで、「うちでもやりたいんだけど」と電話をしてくる方もいる。そういう人には、一度、店を利用していただいて、気に入ったらご連絡をくださいということにしている。

また、たとえ加盟店になっていただくことに決まっても、その後の説明会や面接でフレッシュネスの理念やポリシーを理解していただけない方には、契約を遠慮させていただくこともある。

オーナーご自身がフレッシュネスの提供するサービス、発信する文化に共感して始めてくださったお店は、たとえ最初は苦戦していたとしても、次第にお客様に恵まれ、その後は順調に売上げを伸ばしていくものだ。お店というのは不思議なもので、店内のさまざまなところにオーナーの思いや情熱が垣間見られるのだ。

こういうと申し訳ないのだが、ただ儲かりそうだからという理由だけで始めたオーナーの店と、情熱を持って運営しているオーナーの店とでは、同じノウハウで運営しているにもかかわらず、長い月日の間には差がついてしまう。

事業というのは、何をするにしても、何から何まで自分の責任でやっていくという覚悟がなければ続かないものだ。

何かしらの事業を自分で始めようと思うなら、自分の目で見て、「これならいける」という確信を持って始めることが一番大事なのではないかと思う。僕にしても、今、加盟していただいているオーナーの方々は、ビジネス上の取引先というだけでなく、一緒に文化を育んでいくためのパートナーだと考えている。

数を増やすことより、ともに良い関係でフレッシュネスの文化を普及するためのパートナーを厳選することが大事だと僕は考えている。それもフランチャイズを増やすことが「本業」じゃないという話の一環だ。お客様により喜んでいただけるお店作りをサポートするのが本部の最大にして唯一の本業なのだ。

しかし、これはフランチャイズの問題だけでなく、仕事全般について言えることなのではないだろうか。

仕事で成果を上げるには、まず自分がその仕事に興味や関心を持つことが大切だ。これは絶対条件だと思う。

仕事が心から楽しいと思えるようになるには、やはり自分の興味のあることを仕事にすることだ。そのためには自分が何に関心をいだいているのか、自分が何をしたいのかを明確にし、その上でその仕事を摑む努力をする。他人の評価や世間の評判を気にするのはそのあとでいい。

やりたくもないのに、と言いながら仕事をしている人がいる。世の会社員はもしかしたらほとんどがそういう人かもしれない。〝やらされ感〟で仕事をしていては、成果は上げられないのは目に見えている。

仕事は自分で摑むものだ。もしやりたいことがあるなら、自分の責任で摑み取る努力をしよう。そういう覚悟で摑んだ仕事なら、容易に諦めたりしない。つまり〝やらされ感〟ではなくて、〝やりたい感〟で仕事をすることが大切だ。好きなことや関心があることを仕事にするのが一番強い。

今、選択が許されない環境で仕事をしている人は、その仕事を好きになること。たいていのことは真剣に取り組めば取り組むほど、楽しくなるものだ。その間に、これ、というものを見出したなら、迷わずそれに取り組むことだ。仕事も人生も、瞬発力が大事だ。僕は何かやりたいと思ったらすぐに行動する。性格は人によって違うかもしれないけれど、何かで心が動いたら、迷ってはいけない。迷っているうちにやる気はなくなってしまうから。まずやってみてあとで軌道修正すればいい。自分の意志で行動を選ぶことが大事なのだ。

常にお客様とともに進化する

二〇一二年、フレッシュネスバーガーはおかげさまで二〇周年を迎える。

まだバブル景気の喧騒が色濃く残る頃、富ケ谷という場所で、まるで時代から忘れられたような古びた「小屋」と出会い、そこに僕のありったけの情熱と憧れを注いで作った小さな店が、今では二〇〇店を超えるチェーンに成長した。

フレッシュネスバーガーを愛してくださったお客様をはじめ、当社のポリシーを日々、お客様に伝えてくれている各店舗のスタッフのおかげだと感謝している。僕がそこに投影したロマンに共感していただき、ともにフレッシュネスという文化を築いてくださったオーナーの方々にも感謝している。

フレッシュネスバーガーは、お店を利用していただくお客様にとってもっともくつろげる、お気に入りの店、「私だけの店」を目指してスタートした。

ところが現在では、ドミナント化している東京の都市部から関東圏にかけての方々に、ある程度の認知をいただくことができた。

二〇周年を迎えようとしている今、これからは「誰もが知っている店」を目指して、多店舗展開に力を入れていくと同時に、業態も進化させていきたいと考えている。

「私だけの店」を目指して作ったフレッシュネスの最大の特徴は、新鮮な食材を手作りで皆様にお届けすることだ。そのために、作り置きをせず、すべてオーダーを受けてから作るというスタイルを貫いてきた。

お店はオープンエアで、あえて禁煙席も設けず、それぞれのお客様に自由にくつろいでいただく空間を目指してきた。

しかし創業から今日までの間には、社会の情勢も変わった。たとえば健康志向の高まりから分煙が当たり前の時代になってきた。住宅街のお店ではお昼過ぎともなると、ベビーカーに赤ちゃんを乗せたお母様方がくつろぐ場所になる。そうなると店内も分煙化することが必要になってくる。

また都心部のお店では、会社勤めの方々がランチに訪れる。時間のないサラリーマンやOLの方々への優先的サービスは、提供時間をできるだけ短縮することを目的として、ランチコンボを提供させていただき、スピード感のある新たな作業動線を追求している。

　というふうに、時代の移り変わりとともに社会の要請も変わる。お客様にとってよりよいサービスを提供しようとすると、もともとのお店のコンセプトやスタイルを見直さざるを得ない面も当然ながら出てくる。

　フレッシュネスバーガーも昔ながらのスタイルを見直し、既存店の分煙化を進めると同時に、新規の店では最初から禁煙席を設けるようになった。またオフィス街の店舗については作業動線、お客様動線を変更した、次世代型店舗に変更している。

　どんな業態であれ、時代の要請となれば、ポリシーを貫きつつもスタイルは見直さざるを得なくなる面も出てくる。事業規模が拡大することによって、社会的な責任を果たす義務も増えるため、その意味で見直さざるを得ないという部分もある。

　創業時に、どこのハンバーガーショップにもない個性的なスタイルを受け入れていただいた店も、少しずつ変化していくことはやむを得ないと思っている。

　それによってこれまでのコアなファンはがっかりされてしまうかもしれな

い。本当に辛いことだが、時代の移り変わりには逆らえない。むしろそれを前向きにとらえ、お店の進化として考えたいと思っている。

フレッシュネスの理念や文化をより多くの方々に堪能していただくためには、事業の継続を優先しなければならないし、継続こそがブランドの価値だと思っている。だから時代によって進化させることは、業態の持つ宿命だと考えている。

僕はこれを「一歩下がって二歩進む経営」と呼んでいる。痛みを覚悟しながらも、将来の発展のための布石を一つずつ、打っていきたい。

ただ社会がどれだけ変わろうと、フレッシュネスの名の通り、新鮮、健康というキーワードから離れることはない。手作りということについても、基本的な部分ではそのポリシーに変わりはないし、変えてはいけないことだと思っている。

期せずして時代は創業時に僕が予感したとおり、環境問題に対する意識の高まりから自然志向となり、新鮮、安心、健康な食作りが重視される時代になった。フレッシュネスのコンセプトが年を追うごとに、時代とマッチしてきたことをひしひしと感じているところだ。

現在、フレッシュネスバーガー各店は、既存店前年比、総合前年比ともに好調に推移している。ハンバーガーチェーンが全体的に苦境の中で、順調に成長を遂げていることが、時代の要請に近づいていることの何よりの証拠だと自負している。フレッシュネスの文化は、これからますます市場の支持を増やしていくのではないかと期待している。

だからこそ、変えなければいけないことと同時に、変えてはいけないことを明確にすることが重要だ。

中でも、もっとも我々が守っていかなければならないのは、一人ひとりを大切にした接客だ。単に常識的な接客や失礼のない接客ぐらいでは、リピーターを創造することはできない。

フレッシュネスではその理念のもと、マニュアルを超える接客を心掛けてきた。

優良顧客には感謝セールを行なう。お客様の顔を見て、声をかけてもらいたいのか、あえて話しかけないのかを判断する。そんな、二〇〇人いたら、二〇〇通りの接客をすることを理想としてきた。そのポリシーは今後も変わることはない。

新鮮で安心な食を提供するために、つねに自然を大切にする企業でありたい。そしてそこから生まれる食文化を、さまざまな業態を通じて伝えていきたいと思っている。

誰もが知っているフレッシュネスへと飛躍していくために、これから見直すべき課題はたくさんある。管理システムの体制、ロジスティックスのしくみ等々、多店舗化をにらんだ見直しも必要だ。ことに海外の店舗の増加と新たなスタイルの店舗作りにも力をいれていきたいと思っている。

当然、私たちの努力だけでは足りない。フレッシュネスが市場の枠組みを超えて、発展していくことを皆様に期待していただくためにも、常にお客様と喜びを分かちあうという、フレッシュネスの基本に立ち戻って、お客様とともに進化していきたいと思っている。

文庫版あとがき

最近、フレッシュネスバーガー第三世代と私が勝手に言っている店舗を東京都港区愛宕にオープンした。

第一世代は、本書に登場する創業当時のスタイルで、お客さまのオーダーから手作りで商品を製造し、お客さまの席までお持ちする、我々がフルサービススタイルと呼ぶタイプだ。二〇坪以内のお店で、商品製造からお客さまへのご提供まで、すべてをこなすスタッフ指導が必要である。

第二世代は、お客様のオーダーから手作りで商品を製造するのは変わらないが、お客さまに移動していただき、お客さまが商品を受け取るカウンターサービスのあるスタイルである。三〇坪以上で、スタッフオペレーションが覚えやすく、結果、良い商品の提供ができるようになり、さらにFLコストのレーバーコストが削減されるタイプである。

第三世代は、第二世代のカウンターサービススタイルはそのままに、キッチンレイアウトを変化させ、カウンターにハンバーガー製造のための野菜を配置、パティを焼くグリドルも、さらにお客さまに見えるような場所に設置して、手作り感を演出、製造工程が目の前で見える事により、お客さまに安心感をもっていただけるレイアウトである。

ハンバーガー、ドリンク以外にもFRESHNESSブランドの雑貨を、お買いいただけるコーナーを設置し、「ビジネス街にオアシスを」をテーマに、木造一戸建て、庭には芝生、テラス付でペット同伴も可能、店内外に緑や樹木を配し、当然、LED照明（間接照明）で癒しの空間を提供することを目指している。

今回の本は、フレッシュネスバーガー誕生の起業ドキュメンタリーが中心なので、登場するのは第一世代のお店だ。文中では、起業から企業へのステップは描かれていないが、起業時の生々しい様子―お客さまの思いを中心にしながら、起業する側の思いも強く反映され、直接、店舗の空気感が伝わってくる―を感じていただけると思う。

起業のあとにやってくる企業へのアプローチでは、業態の思いを同じロマンとして共有するスタッフ、組織が重要になってくる。業態の思い（心）とデータ分析（科学）という、異質な要素の融合が必要で、それには、なんといっても社会環境の変化を肌で感じ、次世代を常に模索できる組織のチームワークが必要とされ、それが、更なる成長のプロセスを生むのである。

しかし、難しいことを抜きにして一言で言うなら、総じて、起業、企業ともにいかに楽しく、チームワークを保てるかどうかが成功のカギとなる。

ツキが三回つながると運になり、運が三回つながると実力になる。

ついている事と運がいいだけでは、ビジネスの継続は結構、難しい。

面白い事については興味津々、そのビジネスが好きであることが実力を付ける秘訣だと思う。

これから、起業を始めようとしている人、ふと、今やっているお店や仕事に迷いを感じている人にとって、この本が、何かの参考になってくれればと思う。

そして、それが、新たな挑戦につながるなら、こんな嬉しいことはない。

二〇一一年八月　栗原幹雄

栗原幹雄

Mikio Kurihara

（株）フレッシュネス代表取締役社長。

1951年、埼玉県川越生まれ。

日本大学生産工学部建築工学科卒。

74年、積水ハウス入社。78年に退社し、

義兄とともに〈ほっかほっか亭〉の創業に参画。

4年で1,000店を突破し、大企業に育て上げる。

92年、〈フレッシュネスバーガー〉1号店を渋谷区富ヶ谷で創業。

94年、〈ほっかほっか亭〉を退社し、

95年より〈フレッシュネスバーガー〉の多店舗展開を開始。

2011年現在、184店舗（日本、香港、シンガポール）。

現在、他に〈ワンズダイナー〉〈フレッシュネスカフェ〉を展開中。

また、〈魚がし日本一〉の立ち上げも手がけている。

著書に『フレッシュネスバーガー社長の成功するアイデア・ノート』

（アスペクト刊）がある。

本書は、二〇〇八年八月に小社より刊行された、
『面白いことをとことんやれば、「起業」は必ずうまくいく。』
を再編集し、文庫化したものです。

アスペクト文庫

フレッシュネスバーガー
手《て》づくり創業記《そうぎょうき》

2011年9月23日 第1版第1刷発行

著 者 栗原幹雄《くりはらみきお》
発行人 高比良公成
発行所 株式会社アスペクト
〒101-0054 東京都千代田区神田錦町3-18-3 錦三ビル3F
電話03-5281-2551 FAX 03-5281-2552
ホームページ http://www.aspect.co.jp/
印刷所 中央精版印刷株式会社
編集協力 大島七々三
装 丁 albireo

ISBN978-4-7572-1983-0